中文社会科学引文索引（CSSCI）来源集刊

珞珈管理评论

LUOJIA MANAGEMENT REVIEW

2022年卷 第2辑（总第41辑）

武汉大学经济与管理学院主办

WUHAN UNIVERSITY PRESS
武汉大学出版社

图书在版编目（CIP）数据

珞珈管理评论.2022 年卷.第 2 辑:总第 41 辑/武汉大学经济与管理学院主办.
—武汉:武汉大学出版社,2022.5
　　ISBN 978-7-307-23040-8

　　Ⅰ.珞…　　Ⅱ.武…　　Ⅲ.企业管理—文集　　Ⅳ.F272-53

　　中国版本图书馆 CIP 数据核字(2022)第 065839 号

责任编辑:陈　红　　　　责任校对:汪欣怡　　　　版式设计:韩闻锦

出版发行:**武汉大学出版社**　　(430072　武昌　珞珈山)
　　　　　(电子邮箱:cbs22@ whu.edu.cn 网址:www.wdp.com.cn)
印刷:武汉市天星美润设计印务有限公司
开本:880×1230　　1/16　　印张:9　　字数:220 千字
版次:2022 年 5 月第 1 版　　　2022 年 5 月第 1 次印刷
ISBN 978-7-307-23040-8　　　　定价:48.00 元

目　　录

CONTENTS

管理评论
2022 年卷第 2 辑（总第 41 辑）

Luojia Management Review
No. 2，2022（Sum. 41）

群体动力学中的智能体仿真研究：综述与展望[*]

● 杜玉娇[1]　卫旭华[2]　王涑译[3]

（1，2，3　兰州大学管理学院　兰州　730000）

【摘　要】群体领域的实证研究多是从相对静态的视角考察群体动力机制，很难准确反映群体发展的复杂动态过程，而智能体仿真为探索自下而上的复杂群体涌现现象及动态的群体变化过程提供了新思路。基于智能体仿真的原理和使用步骤，从群体动力学研究的一般思路——研究问题、研究设计和研究结论，展现了使用智能体仿真开展群体动力学研究时相较于实验法和问卷调查法的优势。通过回顾以往的研究发现，现有采用智能体仿真的群体研究多集中在群体结构动力学、群体认知动力学、群体情绪动力学和群体行为动力学等主题。未来研究既可以通过智能体仿真验证和构建更多复杂、动态、多层次的群体动力学理论，也可以从方法论层面完善和发展智能体仿真。

【关键词】智能体仿真　群体动力学　涌现现象　群体理论　应用

中图分类号：C93　　　　　文献标识码：A

1. 引言

许多群体现象的产生都不是个体效应的简单加总（Smith & Conrey，2007），个体之间、个体与环境之间的动态交互会自下而上不断演化，最终形成群体现象，比如，个体层面的种族偏好最终会演化为群体层面的种族隔离（Schelling，1971）。学者们将这种微观互动过程导致宏观结果的现象称为涌现（emergence）（Waller et al.，2016）。群体现象的涌现与个体之间以及个体与环境之间的交互过程紧密相连，具有复杂性、动态性、不确定性、全局性、新颖性和持续性等多个特征（Waller et al.，2016）。然而，现有群体动力学的研究大多从相对静态的视角出发，从实证研究层面将群体的输入和输出相联结，很难准确反映群体发展的复杂动态过程（Kozlowski & Chao，2018），即便采用多层次分

* 基金项目：国家自然科学基金面上项目"组织权力和地位层级作用机制的多层次研究：层级功能理论与冲突理论的整合视角"（项目批准号：71972093）；甘肃省自然科学基金项目"极端环境下团队协作问题研究"（项目批准号：20JR5RA239）。

通讯作者：卫旭华，E-mail：weixuhuahao@ 163. com。

析和纵向研究设计，也无法避免实证样本获取、研究周期和研究成本等诸多限制（李精精等，2020）。因此，越来越多的学者呼吁将群体作为复杂系统，采用新的方法探讨群体过程的非线性、复杂性和动态性（Waller et al., 2016）。

值得一提的是，智能体仿真（Agent-Based Simulation，ABS）通过在虚拟时空环境中对智能体的特征和交互策略进行模拟，不仅能够打破样本规模和研究周期等诸多限制，还能更加准确和生动地揭示群体现象的复杂动态涌现过程（Kozlowski et al., 2018；Kozlowski et al., 2016）。不仅如此，智能体仿真还可以整合数据、理论和模型，构建和验证复杂、动态、多层次的群体动力学理论（Ballard et al., 2021）。由此可见，智能体仿真不失为探讨群体动力学现象的一种新思路。但是，智能体仿真却在群体动力学领域的应用遇到瓶颈。究其原因，智能体仿真研究范式不同于传统的实验与调查等实证范式，该方法不仅要求研究者提炼智能体的关键认知与行为特征，设计智能体的交互规则和行为策略，还要求研究者借助计算机语言构造合适的参数和方程表达以量化解释整个过程和结果（Ballard et al., 2021）。这一系列要求对研究者具有一定的挑战，给智能体仿真在群体动力学研究中的应用带来了一定的阻力。

因此，为了拓展群体动力学领域的研究思路，深化学者们对智能体仿真的认识与理解，本研究基于智能体仿真的基本原理和主要优势，详细阐述了该方法在群体动力学领域的应用现状和应用前景。

2. 群体动力学研究中智能体仿真的基本原理

2.1 智能体仿真的内涵

智能体仿真是计算机仿真的一种类型，以计算机智能体（agent）代表现实世界的个体，通过智能体之间以及智能体与环境之间的持续互动揭示不断涌现的社会现象（Jackson et al., 2017；Macal, 2017）。在群体动力学研究领域，研究者往往需要根据所研究的群体现象，在模型中设置一定数量的智能体，并根据研究需要赋予智能体特定的认知能力、情感特征、资源禀赋以及判断流程和行动模式。伴随着智能体不断重复"外部认知、策略判断、展开行动"的过程，高层次的复杂群体现象逐步涌现（Jackson et al., 2017）。

2.2 群体动力学研究中智能体仿真的建模步骤

智能体仿真往往聚焦涌现现象，研究者利用智能体仿真方法开展群体动力学研究时，一般需要设定"谁在何时何地采用什么方式做了什么事"。针对不同的群体研究问题，智能体仿真的具体操作过程存在不同程度的差异，但基本遵循如下步骤：

（1）明确研究问题，关注核心的认知和行为因素。智能体仿真是探讨涌现现象的重要方法，研究者需要聚焦群体现象中涉及的微观个体具有何种关键认知与行为特征。比如，种族隔离现象中的个体具有种族偏好，在一定条件下会采取搬家行为（Schelling，1971）。

（2）确定现象中涉及的智能体，归纳智能体的角色类别及特征（who）。在智能体仿真系统中，智能体可以代表现实世界中的个体，可能具有诸如"合作者、非合作者、监管者"等类似的群体成员角色（Zhang，2016），拥有知识、权力等特征（Grand et al.，2016；Wellman et al.，2019）。

（3）确定活动的时空环境（where，when）。研究者需要根据研究的群体现象问题确定智能体的活动空间、活动时间以及运动速度。比如，研究者可以使智能体在二维平面中移动（Will，2016），或在三维景观中寻找最高山峰（Tarakci et al.，2016）。

（4）确定智能体的行为策略和交互规则（what，how）。研究者可以设置智能体的行为策略和交互规则，通过智能体的不断学习和适应过程来模拟群体的互动过程。比如，研究者可以使智能体在团队中分享知识（Grand et al.，2016），在竞争与合作中改变策略（Coen，2006）。

（5）操作化。在明确上述问题后，研究者往往会在合适的分析平台上选用现有的模型或构建新的模型，将智能体的特征、交互规则等转化为可操作的软件语言，并设置好各参数的范围（Smith & Conrey，2007）。比如，采用正偏态函数分布代表金字塔权力结构（Wellman et al.，2019）。

（6）运行模型，分析结果。完成操作化之后，研究者可以运行模型，分析智能体的微观行为导致的群体涌现结果。此外，研究者还可以改变参数以检验研究结果的稳健性（Miller，2015），或者利用模型运算得出的数据开展深入分析（Wang et al.，2017）。

3. 智能体仿真在群体动力学研究中的优势

群体动力学的研究者多采用问卷调查和实验等实证研究范式。尽管研究者可以通过纵向研究设计和多层次分析等途径探讨现象中的作用机制和因果关系，但不可避免地受到研究成本和研究周期等诸多限制。然而，智能体仿真通过计算机设定一定的规则促使微观智能体在特定的环境中进行交互（Macal，2017），进而揭示不断自下而上、由简单到复杂、从低层向高层发展的群体现象，这决定了智能体仿真在开展群体动力学研究时具有独特的优势。根据群体动力学研究的一般研究思路——研究问题、研究设计和研究结论，本文详细比较了智能体仿真方法、实验法和问卷调查法的异同，展示了智能体仿真方法的优势（见表1）。

表1　　　　　　　　　智能体仿真与实验法、问卷调查法的比较

项目	实验室实验	问卷调查	智能体仿真
研究问题	静态、简单机制	静态/动态、简单机制	动态、复杂机制、特殊问题
样本收集	量小代表性较差	量适中代表性较好	量大代表性好
条件控制	较强	较弱	强
研究成本	较高	较高	较低

续表

项目	实验室实验	问卷调查	智能体仿真
因果推断	较易	较难	容易
可复制性	较高	较高	高

3.1 研究问题

在群体动力学领域，实验法和问卷调查法研究范式往往根据一些理论将群体现象分解为变量关系，从相对静态的视角分析和解释一些简单的群体现象。即便问卷调查法可以通过经验取样和纵向研究设计等实现对机制的探讨，但也很难准确观察和解释群体现象的动态发展过程，远不足以把握瞬息万变的群体现象。而智能体仿真是从个体的视角出发，将个体的行为特征等简化为计算机可实现的参数和方程规则，通过个体的持续交互逐步演化为群体现象（Jackson et al.，2017），能从更加动态的视角解释和预测很多复杂的群体现象。由于统计分析要求的限制，实验法和问卷调查法很难解决一些样本获取困难或样本量较小的特殊研究问题（Kozlowski & Chao，2018）。但是，智能体仿真可以模拟出各类情境和样本特征，比如恐怖袭击场景（Waldrop，2018）和空间探索团队（Lungeanu et al.，2022），进而清晰准确地解释和预测群体动力学过程和结果。总体而言，相比实验法和问卷调查法，智能体仿真能够以更加动态的视角揭示群体现象的发展变化过程，解释更加复杂的群体现象，探索特殊情景的群体交互过程。

3.2 研究设计

3.2.1 样本收集

首先，在样本量方面，实验法受到研究成本和研究者观察能力的限制，通常很难获取较多的群体样本；问卷调查法通常能通过广泛的抽样获得较多的群体数量；而智能体仿真采用符合特定规则的智能体来模拟个体，可以形成不同规模的群体，并且能获得不受限制的样本量（Jackson et al.，2017）。其次，在样本代表性方面，实验法一般采用大学生群体等便利样本，样本代表性往往较差。问卷调查法理论上可以通过合理的抽样设计获取数量庞大且具有代表性的样本，但受制于现实因素，很少有研究能满足此项要求。而智能体仿真易于生成具有代表特征的个体，能较好地刻画总体特征和分布情况。因此，在样本量和样本代表性方面，智能体仿真都优于实验法和问卷调查法。

3.2.2 条件控制

实验室实验往往能通过实验材料和实验场景等安排，在一定程度上规避外界环境对实验结果的干扰；问卷调查大多在网络上进行，被调查群体所处时空环境不尽相同，很难排除样本所在环境条件对研究结果的影响。除此之外，实验法和问卷调查法还存在一定程度的主试者和被试者偏差。然而，智能体仿真采用虚拟智能体在人工构建的时空环境中模拟群体交互，不仅可以控制外部环境的干扰，还能排除被试异质性和被试实验偏差等因素对研究结果的影响（Harrison et al.，2007）。研究者还可以通过调整部分参数探讨系统模型的边界变化，检验效应结果的稳定性（Wellman et al.，2019）。因此，在条件控制上，相比实验法和问卷调查法，智能体仿真更胜一筹。

3.2.3 研究成本

实验法一方面需要满足实验环境和设施设备等硬性要求，另一方面，其样本需求也随操纵变量的增加而提高，这导致实验研究在时间、场地和人员等方面的成本随之上升。对于问卷调查，随着群体样本需求的增加和多期配对等研究设计的复杂化，研究成本也逐步上升，基本与实验法相当。然而，智能体仿真仅通过程序代码就可以实现复杂多样的研究需求（Ballard et al.，2021），不仅不受时空成本的限制，还可以灵活动态地调整和补充。因此，对于较为复杂的群体研究，智能体仿真的研究成本低于实验法和问卷调查法。

3.3 研究结论

3.3.1 因果推断

不可否认，相比问卷调查法，实验法可以容易地得出因果关系。尽管如此，实验法还是无法避免群体内带来的"霍桑效应""需求特性"和"安慰剂效应"等实验偏差。而问卷调查法大多数时候只能得出相关关系，并且很难排除其他可能的因果解释。然而，智能体仿真在虚拟环境中运行，不仅可以模拟完美的研究设计条件（Harrison et al.，2007），减少由被试心理状态等带来的群体交互偏差，排除道德伦理、时间周期、数据范围等限制，还可以创建虚拟控制组，通过减慢或加快群体模拟来检查临界状态和发展过程，此外，还能通过长期追踪和重复观察准确了解群体现象的因果关系（Smith et al.，2007）。因此，相比而言，智能体仿真能更加准确地把握群体现象的因果关系。

3.3.2 可复制性

可复制性是任何科学研究的关键。然而，采用实验法等方法的心理科学研究的可复制率并不太高（Gilbert et al.，2016）。受样本获取、研究周期和研究成本等诸多因素的挑战，采用实验法和问卷调查法的群体研究往往难以成功复制。但是，智能体仿真利用程序代码实现研究，不仅不受群体样本获取、研究成本和环境因素等限制，还允许不同的研究者直接复制或独立验证（Negahban & Yilmaz，2017）。因此，智能体仿真的可复制性高于实验法和问卷调查法。

综合上述的对比结果可以看到，与实验法和问卷调查法相比，智能体仿真在开展群体动力学研究时具有独特的优势。但是，智能体仿真方法也不是完美的。首先，人类的个体情况以及对环境的反应是复杂多样的，智能体仿真采用简洁的方程或规则简化个体特征和互动行为，这弱化了群体及其成员的异质性，降低了人类的能动性和创造性，进而可能导致研究结果与真实情况存在差异（Negahban et al.，2017）。其次，智能体仿真模型的最初状态和最终状态之间的过程是不太透明的，随着时间的推移，智能体间如何相互作用是无法直接查验的。这个过程的不透明性会随着模型的复杂性增加，过于复杂的模型通常难以获得较高的应用与推广（Miller，2015）。然而，问卷调查法和实验法的简单透明和通俗易懂特点恰好弥补这些缺陷。总体而言，智能体仿真、问卷调查法和实验法各有优劣，相互补充，研究者们可以结合多种方法对群体动力学领域的研究问题开展较为深入和全面的探索。

4. 群体动力学研究中智能体仿真的应用现状

在群体动力学研究领域，智能体仿真可以清晰地解释群体成员如何随时间相互学习适应，呈现群体成员之间以及群体成员与组织环境的交互演化过程，进而生动地展现群体动力学中的复杂现象。因此，不少学者使用智能体仿真探索群体动力学问题。现有群体动力学研究大多基于经典的 IPO 模型来研究群体的输入和形成（input）、过程和涌现状态（process）以及群体产出结果（output）。结合 IPO 模型，本文将现有基于智能体仿真的群体动力学研究梳理出如图 1 所示的群体结构、认知、情绪和行为等主题（Bell et al.，2018）。

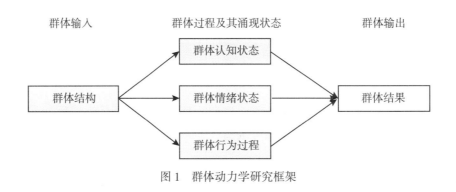

图 1　群体动力学研究框架

4.1　群体结构动力学

群体结构是群体成员持续互动的结果，现有研究主要关注群体的形成、层级结构的发展以及群体领导。在个体的不断交互过程中，群体会逐步形成，Schelling（1971）通过设定白种人和黑种人的种族偏好，呈现出个体层面的偏好涌现出的群体层面的现象——种族隔离。随后，Gray 等（2014）发现，在互惠规则和传递规则的作用下，即使人们没有共同的身份认同感，群体也能形成。

而随着群体的发展，群体内会形成层级结构，产生一定的多样性。在层级结构方面，学者们探究了不同条件下个体顺从意愿的交换聚合对地位层级形成的影响（Manzo & Baldassarri，2015），不同的正式层级结构对团队绩效的影响（Wellman et al.，2019），权力持有者的任务能力对权力差异与团队绩效关系的调节作用（Tarakci et al.，2016）。在团队多样性问题上，Chae 等（2015）通过设定个体开展工作和人际互动的规则，揭示了在探索和开发等活动中团队多样性对团队成员创造力的影响。最近还有学者发现高管团队规模及注意力分配影响对战略问题诊断的准确性（Miller & Lin，2021）。

此外，在群体成员的长期互动过程中，少数群体还会逐步确立起领导地位。Will（2016）运用 NetLogo 的群体模型进一步探究了群体领导力的涌现，并提出了群体领导力理论。在持续的互动过程中，领导会形成一定的风格，比如，Allahverdyan 和 Galstyan（2016）通过网络上的阈值元素（神经元）建模，描述了意见领袖在群体中出现的情况，再现了放任型领导、专制型领导和参与型领导等多种领导风格。此外，领导依赖关系链的形成、发散型和聚合型领导网络的构建也得到了关注（Sullivan et al.，2015）。

4.2　群体认知动力学

群体认知是推动群体不断发展变化的关键因素。学者们探讨了共享心理模型、知识涌现以及组织惯例等问题。针对共享心理模型，Dionne 等（2010）结合心理模型三阶段发展理论，通过社会网络结构、个体专长领域的异质性和共同兴趣水平三个参数衡量领导能力和团队属性，探讨了参与式领导（完全连接网络）和领导成员交换（部分连接网络）对共享团队心理模型和团队绩效的影响。研究发现，参与式领导（完全连接网络）比领导成员交换（部分连接网络）更能促进心理模型收敛。同时，只有当团队成员具有不同的专业领域和较强的共同兴趣时，参与式领导才能实现团队绩效的提升。Lungeanu 等（2022）以空间探索团队为研究对象，通过智能体仿真进行虚拟实验，探讨了领导类型对团队共享心理模型的影响。研究发现，相比等级领导和协调领导，共享领导对空间探索团队的共享心理模型影响最大。

在知识涌现方面，学者们通过设定团队成员学习和共享信息的规则，揭示了团队知识的涌现过程（Kozlowski et al.，2013），并系统地评估了面向过程的团队知识涌现理论（Grand et al.，2016）。在团队知识的涌现过程中，不仅个体间和群体间的学习机制会影响组织的知识水平（林润辉和米捷，2017），外部的恶意攻击还会影响知识网络的结构稳定性和功能稳定性（Zhao et al.，2020）。在组织惯例方面，个体的选择决策在组织惯例形成和维持过程中发挥着重要作用，组织惯例与外部环境的偏离程度还会促使组织惯例随之持续变化（Gao & Akbaritabar，2021；米捷等，2019）。

此外，学者们还探讨了团队认知对团队创造力和团队绩效的影响。比如，Zu 等（2019）通过 NetLogo 模拟团队认知模型，设定知识池总量、知识共享规则和问题构建规则，探讨了团队创造力的动态变化；董佳敏等（2021）发现员工的知识分享意愿及隐性知识水平对组织学习绩效具有交互影响。

4.3　群体情绪动力学

群体情绪是推动群体行动决策的力量源泉。随着群体成员的情绪在群体中不断传播，其既可能被群体吸收，也可能被群体放大，Bosse 等（2015）构建多智能体模型展示了群体情绪被吸收和被放大的两个过程，并进一步将该模型集成到环境智能体模型中，通过对当前和未来时间点团队情绪水平的预测和分析，为团队领导的行为决策提供支持。人类的情绪不仅可以在现实世界中传播，也可以在互联网社交媒体中传播（高晓源等，2019；吕鹏，2021）。Fan 等（2018）结合在线社交媒体机制，利用智能体仿真分析发现，更高的影响力和更强的联系会增强社交网络中的扩散。愤怒比快乐拥有更高的传染力，愤怒的高影响力和弱关系偏好可以促进愤怒传播，在某些情况下，甚至可以主导网络。在情绪竞争中，当新发布的愤怒信息比快乐少 12% 时，网络可能会被负面用户主导。

鉴于恐慌等负面情绪在群体中的传播很容易造成群体灾难，比如踩踏事件等，不少学者展开了探讨。例如，谢科范等（2019）利用 NetLogo 进行多智能体仿真，模拟了群体的恐慌情绪传播与人群疏散过程，探讨了恐慌情绪系数、恐慌源位置和社会网络结构对恐慌情绪传播的影响，并提出了三种恐慌干预策略。Zhang 等（2020）则提出了一个积极情绪传染的计算模型，描述了在群体疏散情境下，安全员的积极情绪如何促使人群平静，并结合个体间的信任关系和情绪传染速度的变化等重要影响因素分析了安全员的最佳位置。

4.4 群体行为动力学

群体行为是群体现象产生的直接因素。现有关注群体行为的研究，主要探讨了合作行为和恐怖袭击行为等。在合作行为方面，学者们探讨了影响合作行为的因素，比如，Coen（2006）从参与者特征出发，将实验研究与智能体仿真方法结合，剖析了个体面临社会困境时的决策规则，探讨了团队成员在单团队和多团队情境下的不同合作决策。研究发现，个体对比较优势的寻求及个体内部一致性是合作决策过程的关键影响因素。而 Zhang（2016）着眼于环境因素对个体合作行为的影响，使用 NetLogo 探讨了监管者的步长、监管者人数以及惩罚与奖励水平等对合作行为的影响。研究发现，通过引入监管者角色对资源进行再分配，系统的稳定性得到提升，也更加接近真实的社会系统。此外，学者们也利用智能体仿真探讨了合作行为带来的结果。一方面，合作行为确实能促进组织绩效：企业间的研发合作能够增加彼此的知识储备（Mueller et al.，2021）。另一方面，合作行为也存在不利影响：合作行为会导致群体成员的记忆产生趋同性，进而抑制群体记忆，并且，群体的不同规模水平也会影响合作行为对群体记忆产生的作用（Luhmann & Rajaram，2015）。

此外，不少学者也关注到恐怖袭击行为，利用智能体仿真模拟恐怖袭击场景，为社会治理提供了重要依据。Waldrop（2018）利用多智能体模型模拟了核袭击灾难情景下 73 万多民众的行为反应和状态变化，进而评估国家应对措施的有效性。吕鹏等（2021）基于微观粒子运动构建多智能体模型，构建广场和障碍空间，赋予智能体一定的身体特征、心理特征、行为模式和攻击力等属性，通过人群密度、暴徒数量、逃生方式和袭击方式等参数演化，再现了恐怖袭击场景下的群体动力学过程，为反恐工作提供了高精度的指导。此外，Lu 等（2021）还通过智能体仿真模拟了常见枪击风险下的人类行为发展过程，为改进应急响应和公共治理提供了重要指导。

5. 未来展望

本文通过介绍智能体仿真方法的基本原理、优势及应用现状，展现了智能体仿真在群体动力学研究中的应用潜力。但是，并非所有群体动力学现象都能使用智能体仿真方法探讨。首先，如果研究问题具有确定的解决方案或能够采用传统的研究方法简单便捷地解决，使用智能体仿真方法就没有太大的必要（Harrison et al., 2007）。其次，如果智能体的行为过于复杂，很难用方程或规则定义，则无法利用智能体仿真方法构建有效的模型。再者，智能体仿真方法的分析以数据为基础，如果没有可用于建模的数据或数据无法估计，则无法采用智能体仿真方法开展研究。总之，研究者需要针对研究问题采用合适的研究方法。未来，智能体仿真将进一步推动群体动力学领域研究的创新与变革。

5.1 探索更多复杂、动态、多层次的群体动力学现象

群体动力学现象的涌现和变化过程往往包含复杂性、动态性、全局性、新颖性和持续性等多个特征（Waller et al., 2016）。群体动力学过程更是涉及个体层面、群体层面以及宏观环境多个层面（Kozlowski et al., 2018）。智能体仿真通过系统地模拟人类真实世界，赋予智能体认知和行为等特征，设置一定的交互策略和决策规则，促使各个智能体逐步学习和适应，进而揭示复杂现象的动态涌现过程（Macal, 2017）。这为理解微观层面的个体行为和宏观层面的整体结果架起了桥梁，也精确解释了"整体大于部分之和"的深刻含义。因此，未来的研究可以利用智能体仿真探讨一些研究周期较长、现象关系复杂、存在动态交互过程的群体动力学现象，模拟难以寻求或被现实限制的情境因素，更加广泛地探索复杂、动态和多层次的群体动力学现象（Delice et al., 2019）。比如，研究者不仅可以利用智能体仿真探讨职场八卦的传播过程和道德认知的变化过程，还可以利用智能体仿真探讨空间探索团队、极地探索团队、水下作业团队等群体面临孤立、有限和极端环境条件时的最佳团队构成、协作过程和绩效结果（Antone et al., 2020）。

5.2 构建和验证群体动力学理论

捕捉现象的动态发展演化过程和最终状态是理论研究的前沿领域（Kozlowski et al., 2013）。智能体仿真能够通过对自下而上的涌现现象及动态变化过程的探讨推动群体动力学的理论研究，如 Will（2016）对群体领导力理论的探讨。未来的研究一方面可以利用智能体仿真将简单的群体理论不断丰富和深化，将非形式化理论转化为形式化理论；另一方面还可以开发新的群体理论，尤其是复杂、动态、多层次的群体理论（Ballard et al., 2021; Smith et al., 2007; Vancouver et al., 2018）。

此外，智能体仿真不仅能独立地实现理论模型的验证，还能与其他研究方法相辅相成，很好地整合理论、数据和模型（Ballard et al., 2021）。因此，未来的群体动力学研究还能将智能体仿真作为

"三角验证"的一种手段，既可以根据定量研究的结果进行建模，也可以通过智能体仿真生成的数据来验证理论模型（Harrison et al., 2007）。

5.3　推动智能体仿真方法的完善与发展

智能体仿真对时空环境的构造和对个体互动行为的刻画很大程度上决定了研究的有效性和准确性。随着计算社会科学的快速发展，越来越多的研究者将采用智能体仿真方法开展研究，这将进一步推动该方法的完善与发展。首先，随着点估计、区间估计和贝叶斯估计等参数估计方法的发展，智能体仿真将通过更加精确和更加接近现实的参数估计准确刻画个体的认知行为及与环境的交互过程。其次，随着智能体仿真与大数据、机器学习等的融合运用（Kozlowski et al., 2016；吕鹏，2021），智能体仿真将通过构建更加系统和整合的模型生动阐释更加复杂的涌现现象。再者，随着计算机技术和信息技术的发展，NetLogo 等操作平台将为研究者们提供更加经济、便捷和友好的建模与仿真环境，容纳更多的模型供研究者们学习和参考。

◎　参考文献

［1］董佳敏，刘人境，严杰，等.知识分享意愿和隐性知识对组织学习绩效的交互影响［J］.管理评论，2021, 33（2）.

［2］高晓源，刘箴，柴艳杰，等.社会媒体情绪感染模型研究［J］.应用心理学，2019, 25（4）.

［3］李精精，张剑，田慧荣，等.动态计算模型在组织行为学研究中的应用［J］.心理科学进展，2020, 28（2）.

［4］林润辉，米捷.子群结构下的组织学习多主体仿真研究——对 March 的探索式—利用式学习模型的扩展［J］.系统管理学报，2017, 26（5）.

［5］吕鹏.人类网络群体行为生命周期模型研究［J］.湖南师范大学社会科学学报，2021, 50（6）.

［6］吕鹏，张卓，李蒙迪，等.反恐场景中的群体效应——基于粒子运动系统的 ABM 仿真模拟［J］.社会发展研究，2021, 8（3）.

［7］米捷，林润辉，谢在阳，等.基于多主体仿真方法的组织惯例维系与变化研究［J］.管理学报，2019, 16（4）.

［8］谢科范，宋钰，梁本部.人群疏散中的恐慌传播与干预策略研究［J］.管理学报，2019, 16（2）.

［9］Allahverdyan, A. E., Galstyan, A. Emergence of leadership in communication［J］. Plos One, 2016, 11（8）.

［10］Antone, B., Lungeanu, A., Bell, S. T., et al. Computational modeling of long-distance space exploration［M］. Psychology and Human Performance in Space Programs, 2020.

［11］Ballard, T., Palada, H., Griffin, M., et al. An integrated approach to testing dynamic, multilevel theory: Using computational models to connect theory, model, and data［J］. Organizational Research Methods, 2021, 24（2）.

［12］Bell, S. T., Brown, S. G., Colaneri, A., et al. Team composition and the ABCs of teamwork ［J］. American Psychologist, 2018, 73 （4）.

［13］Bosse, T., Duell, R., Memon, Z. A., et al. Agent-based modeling of emotion contagion in groups ［J］. Cognitive Computation, 2015, 7 （1）.

［14］Chae, S. W., Seo, Y. W., Lee, K. C. Task difficulty and team diversity on team creativity：Multi-agent simulation approach ［J］. Computers in Human Behavior, 2015, 42.

［15］Coen, C. A. Seeking the comparative advantage：The dynamics of individual cooperation in single vs. multiple-team environments ［J］. Organizational Behavior and Human Decision Processes, 2006, 100 （2）.

［16］Dionne, S. D., Sayama, H., Hao, C., et al. The role of leadership in shared mental model convergence and team performance improvement：An agent-based computational model ［J］. The Leadership Quarterly, 2010, 21 （6）.

［17］Fan, R., Xu, K., Zhao, J. An agent-based model for emotion contagion and competition in online social media ［J］. Physica A：Statistical Mechanics and Its Applications, 2018, 495.

［18］Gao, D., Akbaritabar, A. Using agent-based modeling in routine dynamics research：A quantitative and content analysis of literature ［J］. Review of Managerial Science, 2021, 10.1007/s11846-021-00446-z.

［19］Gilbert, D. T., King, G., Pettigrew, S., et al. Comment on "Estimating the reproducibility of psychological science" ［J］. Science, 2016, 351 （6277）.

［20］Grand, J. A., Braun, M. T., Kuljanin, G., et al. The dynamics of team cognition：A process-oriented theory of knowledge emergence in teams ［J］. Journal of Applied Psychology, 2016, 101 （10）.

［21］Gray, K., Rand, D. G., Ert, E., et al. The emergence of "us and them" in 80 lines of code modeling group genesis in homogeneous populations ［J］. Psychological Science, 2014, 25 （4）.

［22］Harrison, J. R., Lin, Z., Carroll, G. R., et al. Simulation modeling in organizational and management research ［J］. Academy of Management Review, 2007, 32 （4）.

［23］Jackson, J. C., Rand, D., Lewis, K., et al. Agent-based modeling：A guide for social psychologists ［J］. Social Psychological and Personality Science, 2017, 8 （4）.

［24］Kozlowski, S. W. J., Chao, G. T. Unpacking team process dynamics and emergent phenomena：Challenges, conceptual advances, and innovative methods ［J］. American Psychologist, 2018, 73 （4）.

［25］Kozlowski, S. W. J., Chao, G. T., Grand, J. A., et al. Advancing multilevel research design：Capturing the dynamics of emergence ［J］. Organizational Research Methods, 2013, 16 （4）.

［26］Kozlowski, S. W. J., Chao, G. T., Grand, J. A., et al. Capturing the multilevel dynamics of emergence：Computational modeling, simulation, and virtual experimentation ［J］. Organizational Psychology Review, 2016, 6 （1）.

［27］Lu, P., Wen, F., Li, Y., et al. Multi-agent modeling of crowd dynamics under mass shooting cases

［J］. Chaos, Solitons & Fractals, 2021, 153.

［28］ Luhmann, C. C., Rajaram, S. Memory transmission in small groups and large networks: An agent-based model ［J］. Psychological Science, 2015, 26 （12）.

［29］ Lungeanu, A., DeChurch, L. A., Contractor, N. S. Leading teams over time through space: Computational experiments on leadership network archetypes ［J］. The Leadership Quarterly, 2022, 10. 1016/j.leaqua. 2021. 101595.

［30］ Macal, C. M. Everything you need to know about agent-based modelling and simulation［J］. Journal of Simulation, 2017, 10(2).

［31］ Manzo, G., Baldassarri, D. Heuristics, interactions, and status hierarchies: An agent-based model of deference exchange［J］. Sociological Methods & Research, 2015, 44(2).

［32］ Miller, K. D. Agent-based modeling and organization studies: A critical realist perspective ［J］. Organization Studies, 2015, 36(2).

［33］ Miller, K. D., Lin, S. J. Strategic issue diagnosis by top management teams: A multiple-agent model ［J］. Strategic Organization, 2021, 10. 1177/1476127021993792.

［34］ Mueller, M., Kudic, M., Vermeulen, B. The influence of the structure of technological knowledge on inter-firm R&D collaboration and knowledge discovery: An agent-based simulation approach ［J］. Journal of Business Research, 2021, 129.

［35］ Negahban, A., Yilmaz, L. Agent-based simulation applications in marketing research: An integrated review［J］. Journal of Simulation, 2017, 8(2).

［36］ Schelling, T. C. Dynamic models of segregation［J］. Journal of Mathematical Sociology, 1971, 1(2).

［37］ Smith, E. R., Conrey, F. R. Agent-based modeling: A new approach for theory building in social psychology［J］. Personality and Social Psychology Review, 2007, 11(1).

［38］ Sullivan, S. D., Lungeanu, A., Dechurch, L. A., et al. Space, time, and the development of shared leadership networks in multi-team systems［J］. Network Science, 2015, 3(1).

［39］ Tarakci, M., Greer, L. L., Groenen, P. J. F. When does power disparity help or hurt group performance? ［J］. Journal of Applied Psychology, 2016, 101(3).

［40］ Vancouver, J. B., Wang, M., Li, X. Translating informal theories into formal theories: The case of the dynamic computational model of the integrated model of work motivation［J］. Organizational Research Methods, 2018, 23(2).

［41］ Waldrop, M. M. Free agents［J］. Science, 2018, 360(6385).

［42］ Waller, M. J., Okhuysen, G. A., Saghafian, M. Conceptualizing emergent states: A strategy to advance the study of group dynamics［J］. Academy of Management Annals, 2016, 10(1).

［43］ Wellman, N., Applegate, J. M., Harlow, J., et al. Beyond the pyramid: Alternative formal hierarchical structures and team performance［J］. Academy of Management Journal, 2019, 63(4).

［44］ Will, T. E. Flock leadership: Understanding and influencing emergent collective behavior［J］. The Leadership Quarterly, 2016, 27(2).

[45] Zhang, G., Lu, D., Liu, H. Strategies to utilize the positive emotional contagion optimally in crowd evacuation[J]. IEEE Transactions on Affective Computing, 2020, 11(4).

[46] Zhang, Z. A simulation study on cooperation behavior using NetLogo software considering resource reallocation[J]. Canadian Social Science, 2016, 12(4).

[47] Zhao, J., Bai, A., Xi, X., et al. Impacts of malicious attacks on robustness of knowledge networks：A multi-agent-based simulation[J]. Journal of Knowledge Management, 2020, 24(5).

[48] Zu, C., Zeng, H., Zhou, X. Computational simulation of team creativity：The benefit of member flow [J]. Frontiers in Psychology, 2019, 10.

Agent-Based Simulation in Group Dynamics Research：Review and Prospects

Du Yujiao[1] Wei Xuhua[2] Wang Suyi[3]

(1, 2, 3 School of Management, Lanzhou University, Lanzhou, 730000)

Abstract：Most empirical group studies explore the dynamic mechanism from a relatively static perspective, which is difficult to accurately explain the complex dynamic process of group development, while agent-based simulation provides a new way to explore the bottom-up complex group emergent phenomena and dynamic group change process. Based on the principle and procedure of agent-based simulation, compared with experimentation and questionnaire survey, the advantages of agent-based simulation in group dynamics research are demonstrated from the general way(research question, research design and research conclusion). Reviewing previous studies, it is found that the studies using agent-based simulation about groups focus on group structure dynamics, cognitive dynamics, emotional dynamics, and behavioral dynamics. Future research can not only construct and verify more complex, dynamic, and multi-level group dynamics theories through agent-based simulation, but also improve and develop agent-based simulation method.

Key words：Agent-based simulation；Group dynamics；Emergent phenomenon；Group theory；Application

专业主编：杜旌

珞珈管理评论
2022 年卷第 2 辑（总第 41 辑）

Luojia Management Review
No. 2, 2022（Sum. 41）

锦上添花还是画蛇添足？[*]

——媒体关注下多元社会责任对企业财务绩效影响的再检验

● 谭良敏[1] 张 阳[2] 田 鸣[3] 王宏鹏[4]

（1，2，3，4 河海大学商学院 南京 210024；2，3 江苏省"世界水谷"与水生态文明协同创新中心/
江苏省决策咨询研究基地（企业国际化发展） 南京 210024）

【摘 要】越来越多学者关注不同维度社会责任对企业绩效的影响，但没有实证检验媒体关注下多维度企业社会责任的经济效益。本文将 2010—2018 年沪深 A 股上市企业财务数据与和讯发布的社会责任评级分数相匹配，研究媒体关注对多元社会责任与企业财务绩效关系的调节作用。研究发现：股东责任与员工责任对企业财务绩效具有正向影响，供应商责任、环境责任与社区责任对财务绩效具有负向影响。媒体关注能够强化股东责任与员工责任对企业绩效的正向影响，弱化供应商责任、环境责任与社区责任对企业绩效的负向影响。这一结果在丰富已有媒体作用文献基础上，使企业充分认识到媒体关注在多元社会责任的价值创造中发挥的重要作用。

【关键词】多元社会责任 媒体关注 企业财务绩效 调节作用

中图分类号：F270；F272 文献标识码：A

1. 引言

随着网络快速发展，媒体传播更加多元化，媒体的聚光灯效应使被报道企业成为公众关注焦点，发挥其重要的舆论导向作用进而影响企业行为决策（吴德军，2016）。近年来，随着破坏环境、安全隐患、财务造假等违反道德甚至法律问题的频繁出现，媒体对企业社会责任（CSR）表现出更为浓厚的兴趣。媒体是社会责任信息传播的中介，通过对社会责任行为的报道，帮助企业塑造良好的正面形象，对企业绩效的提升起到促进作用。如鸿星尔克在 2020 年巨额亏损的情况下却花费 5000 万元

---

* 基金项目：教育部人文社会科学青年基金项目"'一带一路'上中国工程企业绿色—国际化战略融合的特征、过程及路径选择研究"（项目批准号：19YJC630155）；中央高校业务费"面向高质量共建'一带一路'的中国大型工程企业履行社会责任长效机制研究"（项目批准号：B210201017）。

通讯作者：田鸣，E-mail：hhutm@ hhu. edu. cn。

驰援河南灾区，这一行为经媒体报道传播后在各大平台发酵，受到了全民追捧，仅一天就实现了销售额同比增长超 52 倍，公司价值得到大幅提升。媒体还扮演着至关重要的监督者角色，"地沟油""康美财务造假"等事件的曝光，都可以看出媒体监督发挥的巨大作用。媒体对企业不负责任行为的曝光使企业形象轰然倒塌也让越来越多企业意识到承担社会责任的重要性。事实上，媒体本身并不存在于事件中心却能放大企业的各项行为，故本文试图检验媒体关注在 CSR 履行中的激励作用，并探究在该基础上 CSR 是否能促使财务绩效的进一步提高。

部分学者从理论方面探讨媒体关注对社会责任履行与企业绩效关系的影响。李培功和沈艺峰（2010）认为媒体作为一种外部力量，往往能弥补法律等正式制度的不足，监督企业社会责任履行情况。在媒体监督下，企业往往愿意构建积极履行 CSR 的形象，进一步通过媒体将信息传播给大众和投资者，进而影响投资者对企业价值的判断，对企业绩效产生一定的影响。但 Chen（2013）认为媒体为追求轰动效应，往往会夸大并且不客观地对信息进行报道，传递给市场的信号不准确，对企业绩效没有显著影响。虽然已有部分学者从媒体关注的角度对社会责任与企业绩效关系进行研究，但研究得出的结论并不一致（Tetlock，2007；Dyck & Zingales，2004；孔东民等，2013）。考虑到企业社会责任具有股东责任、员工责任、环境责任等多种维度，媒体关注对两者关系影响不一致的结果可能是由不同类型社会责任的性质不同导致，但目前尚没有文献对其进行检验证实，因此有必要对社会责任划分不同维度进一步探析。

目前，国内外对媒体关注下社会责任对企业绩效影响的研究集中于整体的社会责任范畴或媒体关注对某种单一维度社会责任与绩效关系的调节作用，媒体关注对各个不同维度社会责任与财务绩效关系的影响究竟是"锦上添花"还是"画蛇添足"则需要进一步探析。基于此，本文根据利益相关者理论，将企业承担的社会责任划分为五个维度，分别是股东责任、员工责任、供应商和客户责任、环境责任和社区责任，探究媒体对多元社会责任与财务绩效关系调节作用的效果。本文的主要贡献在于对媒体关注对各维度社会责任与企业绩效关系调节作用的效果进行实证，弥补了多元社会责任研究的缺失，证实了媒体在企业各维度社会责任与财务绩效关系中发挥的重要作用。

2. 理论分析与研究假设

2.1 企业社会责任与企业绩效

目前 CSR 与企业绩效关系并未达成共识。Maron（2006）、Mc Williams（2006）、田虹（2009）等学者认为积极承担社会责任有助于企业获得良好的声誉，提高生产率进而提高企业绩效。但也有学者对 CSR 的履行提出反对意见，认为 CSR 与其企业绩效具有负向关系或者两者没有必然联系。他们认为企业唯一的目标就是追求社会责任的最大化，应将有限的资源投入企业生产经营活动（Amy & Gerald，2001）。还有部分学者将研究视角集中在员工责任（Dumitrescu，2015；Yoo et al.，2019）、环境责任（Xu et al.，2021；Jiang et al.，2018）、慈善责任（Dijk & Holmen，2017）等某单一维度社会责任对绩效的影响。事实上，社会责任是一种宽泛的概念，它是企业对社会承担的综合责任（周祖城，2005）。因此本文将不同维度的社会责任进行整合，综合考虑各个维度社会责任对财务绩效的影响，参照陈昕（2013）、龙文滨和宋献中（2013）、唐鹏程和杨树旺（2016）等学者的做法，将社会责任划分为股东责任、员工责任、供应商和客户责任、环境责任和社区责任五个维度。具体而言，股东责任是企业对投资者履行的经济责任，主要关注企业是否有较强的获利能力、经营管理水平和对股东的投资回报程度。企业对员工的责任主要有员工绩效、员工安全与关爱员工三个方面。供应商和客户责任构成企业对供应链承担的责任，客户责任包括提高产品或服务质量等，供应商责任有不过度压低价格、及时偿付相应账款、遵守承诺等。企业环境责任和社区责任主要是指企业环境治理方面的表现降低了对环境的破坏程度；关心社区发展，进行社会捐赠和公益活动等（王清刚和徐欣宇，2016；吴芳和张岩，2019）。

企业生存和发展都离不开利益相关者的支持，只有满足不同利益相关者的诉求，才能与利益相关者形成良性互动，获取外部资源形成竞争优势（黄艺翔和姚铮，2016）。企业通过履行不同维度社会责任维系与利益相关者的关系，而承担社会责任需要付出一定的成本，社会责任的承担是否有益于企业绩效提升往往取决于履行社会责任成本与收益的综合效益。就股东责任而言，股东是企业的直接拥有者，企业首先应该承担对股东的责任。企业积极承担对股东的责任有助于获取股东信任，使企业与股东保持长期稳定的合作关系，有利于股东进一步资金的投入，提高企业绩效（曹兴等，2016）。企业的成立、发展到扩张都离不开员工这一重要群体。企业员工责任的履行有利于企业吸引、保留、激励员工，员工忠诚度往往更高，提高生产率，从而有利于企业绩效的提升（白旻和王仁祥，2020）。虽然理论上说，积极承担供应商责任，有助于企业获取有竞争优势的原材料和服务，让企业更专注于核心技术的提升，促进企业绩效（李庆华和胡建政，2011）；承担环境责任、社区责任也会通过树立企业良好形象，获得政府支持、资本市场认可，给企业带来收益（吴梦云和张林荣，2018），但不能忽略的是，企业与利益相关者之间往往存在信息不对称问题，利益相关者往往不能及时有效地掌握有关企业承担社会责任的信息，因此企业履行部分维度社会责任难以产生收益去弥补社会责任的履行成本，对企业绩效的积极影响无法显现（Henri & Ane，2013）。

具体而言，相对于供应商，客户、环境和公众这些非直接利益相关者，并不直接参与企业的日常经营活动，存在更严重的信息不对称情况。这些维度责任对企业绩效的影响更多是依赖于其他利益相关者对企业社会责任行为的反应，如果企业承担社会责任的信息不被利益相关者吸收获取，这种情况下只增加企业承担社会责任成本，无法获得相应的利益相关者支持，对绩效产生负向影响。但对于股东和企业员工而言，作为企业内部的直接利益相关者，企业的利益直接决定他们自身的利益。股东责任与员工责任的承担往往能直接被股东与员工感知，增加对组织的认同，影响他们对企业发展的贡献，对企业绩效产生直接的正向反馈，能弥补社会责任的履行成本（Michael & Robert，2006；Baruch et al.，2010）。

综合以上分析，本文提出如下研究假设：

H1a：企业承担股东责任、员工责任对企业绩效具有正向影响。

H1b：企业承担供应商和客户责任、环境责任、社区责任对企业绩效具有负向影响。

2.2　媒体关注的调节作用

媒体具有信息中介和公司治理两大作用（夏楸和郑建明，2015）。一方面，媒体通过传递企业履行社会责任信息，为企业创造良好的声誉。另一方面，媒体可以影响企业社会责任决策，降低企业代理成本，帮助企业形成竞争优势。

作为信息传递的重要媒介，媒体不仅能缓解与利益相关者的信息不对称，降低交易成本，还可以通过舆论引导，塑造企业的良好形象，获得利益相关者支持，从而提高企业绩效（夏楸等，2018）。具体而言，媒体通过传递企业积极履行股东责任的信息，向潜在的投资者释放企业可持续发展的信号，加大股东对企业的投资，促进企业进一步发展（王清刚和徐欣宇，2016）。对于员工责任的承担，媒体发挥着将信息传递到人才市场，吸引优秀员工的作用，有利于创造高质量产品，提供更优质的服务，从而有利于企业绩效的提升（Heather & Sarah，2000）。媒体帮助积极履行供应商、客户责任的企业构建值得信赖的形象并传递给供应商和客户，从而提高供应商的合作意愿及客户支付意愿，产生一定的品牌溢价，对绩效具有积极的促进作用（涂红和郑淏，2018）。媒体及时将企业积极承担环境责任的信息传递给资本市场，不仅能降低企业融资成本，还更容易获得消费者的认同（Arikan et al.，2016）。企业的慈善活动往往具有较高的新闻价值，具有广告营销的作用。媒体作用下，企业构建的积极履行社区责任的形象一方面能帮助企业获得关键资源，另一方面帮助企业获得更多的道德资本，实现风险对冲，即缓解可能的不利因素对企业产生的负面影响，避免企业价值的损失（Porter & Kramer，2002；陈支武，2008）。由此可见，对于各维度的社会责任，媒体均能传播企业良好形象使企业获得较好的声誉，充当企业和利益相关者之间信息交互的桥梁，从而促使 CSR 与绩效两者之间的关系朝着 CSR 促进企业绩效的方向发展（姬霖和魏书媛，2019；Bushee et al.，2010；陈西婵，2018）。

现有文献表明，媒体监督发挥着重要的公司治理功能，进而对企业行为决策产生影响（田高良等，2016）。以股东责任为例，媒体监督能使经营管理者出于自身职业声誉的考虑，在一定程度上降低企业代理成本，更好地履行股东责任，提高企业绩效（郭照蕊和黄俊，2018；李培功和沈艺峰，2013）。在媒体作用下，企业社会责任的透明度增强，促使企业改正不正当行为，特别是对于员工权益的侵害（Alexander et al.，2008）。在媒体监督下，企业出于合法性的目的积极履行员工责任不仅能减少由机会主义引发的代理成本，还有助于企业员工持续开展创新活动，进而提升企业绩效（白旻和王仁祥，2020）。同样，媒体监督对企业为客户提供合格产品、与供应商进行公平交易提供一定的保障机制，督促企业主动承担供应商和客户责任，进而与供应商和客户建立稳定、良好的关系，帮助企业获取竞争优势（丁栋虹和陈学猛，2013）。就环境责任而言，媒体对企业是否破坏环境行为的监督，可能会督促政府出台并完善相关政策，倒逼企业进行绿色技术转型，增加企业竞争优势从而提升企业绩效（Roy & Das，2011）。在某些突发事件中，企业的捐赠行为往往会被社会热烈讨论（徐莉萍等，2011）。此时的慈善行为往往使其能区别于其他未主动履行捐赠等社会责任的企业，企业在媒体监督下往往倾向于主动捐赠。这种行为虽然会直接增加企业的非生产性成本，但通常也会得到大力宣传和褒奖进而对企业价值产生积极影响。总体而言，在媒体的监督下，企业往往会更好地承担各维度的社会责任。因为无论违反任意维度的社会责任，媒体的曝光均会给企业带来负面影响。基于此，本文提出如下研究假设：

H2：媒体关注强化股东责任与员工责任对企业绩效的正向影响，弱化供应商和客户责任、环境责任与社区责任对企业绩效的负向影响。

3. 数据与模型说明

3.1　模型设定与估计方法

为了验证不同维度的企业社会责任对企业绩效的影响，以及媒体关注对不同维度社会责任与企业绩效关系的调节作用，本文构建以下回归模型。

$$\mathrm{Tobin}\ Q = \alpha_0 + \alpha_1\,\mathrm{CSR}_{it} + \sum_{j=1}^{5} \beta_j Z_{it} + u_i + \lambda_t + v_{it} \tag{1}$$

$$\mathrm{Tobin}\ Q = \alpha_0 + \alpha_1\,\mathrm{CSR}_{it} + \alpha_2\,\mathrm{Media}_{it} + \alpha_3\,\mathrm{Media}_{it} \times \mathrm{CSR}_{it} + \sum_{j=1}^{5} \beta_j Z_{it} + u_i + \lambda_t + v_{it} \tag{2}$$

其中，模型以 Tobin Q 衡量企业绩效。CSR 表示各维度企业社会责任履行情况，Media 为媒体关注强度。同时，为证实媒体关注的调节作用，本文引入媒体关注与企业社会责任的交互项 Media×CSR。此外，Z 为控制变量。u_i 反映的是个体效应，λ_t 反映的是时间效应，v_{it} 则是随机误差项①。

3.2　数据和变量

为研究不同维度的企业社会责任对企业绩效的影响，并探究媒体关注对不同维度社会责任调节作用的异质性，本文选择 2010—2018 年沪深 A 股上市公司为研究对象。本文对原始数据的收集与整理主要通过以下步骤：首先，从国泰安数据库中收集与本文相关的企业金融指标和属性指标。同时，从第三方评级机构和讯网站收集企业社会责任的各项评分，以衡量企业社会责任履行情况，并利用中国上市公司财经新闻数据库（CNRDS）网络报道数和报刊报道数之和来表征媒体关注强度。其次，将媒体关注、各维度企业社会责任数据与企业财务数据进行匹配。最后，本文为了避免数据异常值与极端值的影响，进一步剔除了 ST 和 *ST 企业样本，并对主要变量进行上下 1% 的 winsorize 处理，进一步为了避免交互变量后可能存在共线性问题，对主要变量进行去中心化处理，最终获得 21842 个有效样本。

因变量：企业绩效。Tobin Q 反映了企业的市场价值，既包括企业的财务绩效又包括企业未来预期可获得的收益。参考已有研究对企业绩效的度量方法，本文选取 Tobin Q 作为衡量公司财务绩效的

---

① 为保证模型估计方法选择的科学性，本文进行 LM 检验与 Hausman 检验。检验结果均显著拒绝了原假设，故确定使用固定效应模型作为基准回归。

指标(Gordon et al.，2009)。

解释变量：企业社会责任（CSR）。对于企业社会责任，有学者采用内容分析法、声誉法或 CSR 会计方法等自行设计指标体系衡量企业社会责任情况。但个人评价的 CSR 往往有一定的主观性，因此，参照已有文献的思想，本文选用更具有客观性与权威性的第三方和讯网发布的社会责任报告分数①来衡量企业各个维度 CSR 表现（买生等，2020；张涛涛等，2020）。

调节变量：媒体关注。参照沈洪涛、冯杰（2012）的做法，考虑到网络报道和报刊报道均会对企业经营产生影响，并且由于网络和报刊是两种不同的信息获取方式，受众存在一定的差异，每种媒体都具有不可替代性，因此本文以网络报道数和报刊报道数之和对目标公司媒体关注程度进行衡量。媒体报道数将公司股票代码、股票简称、公司全称、公司简称作为关键词通过中国上市公司财经新闻数据库进行手工搜集加总（杜金岷等，2020）。该数据库收录了国内千余种报刊对商业经济信息相关的报道，具有很强的权威性和专业性。

控制变量：为缓解遗漏变量问题，模型中还应控制一些与企业绩效紧密相关的变量。参照已有文献研究，本文选择资产负债率、企业年龄、企业员工数、前十大股东持股比例、企业规模等作为控制变量（Dong et al.，2016）。各变量定义如表 1 所示：

表 1　　　　　　　　　　　　　　　指标定义表

变　　量	变量符号	变量定义
公司财务绩效	$TobinQ$	托宾 Q 值
企业社会责任	CSR_1	股东责任
	CSR_2	员工责任
	CSR_3	供应商责任
	CSR_4	环境责任
	CSR_5	社区责任
媒体关注	Media	年度新闻数量
企业员工数	Labor	企业本年度员工数量的对数
前十大股东持股比例	Top10	前十大股东持股数量/企业总股本
资产负债率	LEV	负债总额与资产总额的比率
企业年龄	Age	企业成立年度始至本年末的年数
企业规模	Size	企业年末总资产的对数

① 该评分是根据中国证券交易所公布的上市公司年报和企业社会责任报告的数据计算而得，从股东责任、员工责任、供应链责任、环境责任和社区责任五个方面对企业社会责任进行衡量。

4. 实证结果

4.1　描述性统计与相关性分析

表 2 是对主要变量进行的描述性分析。从表 2 可得企业绩效（TobinQ）的均值为 2.930，标准差为 2.201。表征企业社会责任的变量：股东责任（CSR_1）的均值为 14.322，标准差为 6.172，最大值为 28.19，最小值为 -11.8，表明最小值与最大值存在较大差距；员工责任（CSR_2）的平均值为 2.840，标准差为 3.258；供应商责任（CSR_3）和环境责任（CSR_4）均值分别为 1.846 和 1.913，每年未履行供应商和环境责任的企业较多；社区责任（CSR_5）均值 4.810，标准差 4.452，有少部分企业社区责任评分为负。媒体关注（Media）均值 5.215，标准差 1.065。

表 2　　　　　　　　　　　　　　主要变量描述性统计（2010—2018）

变量	观测数	均值	标准差	25 分位值	中位数	75 分位值	最小值	最大值
TobinQ	21842	2.930	2.201	1.504	2.212	3.532	0.917	13.403
CSR_1	21842	14.322	6.172	10.66	14.95	18.78	-11.8	28.19
CSR_2	21842	2.840	3.258	0.810	1.670	3.410	-0.16	15
CSR_3	21842	1.846	4.839	0	0	0	0	20
CSR_4	21842	1.913	5.235	0	0	0	0	30
CSR_5	21842	4.810	4.452	2.490	4.310	6.850	-15	30
Media	21842	5.215	1.065	4.533	5.182	5.823	0	10.809

为检验主变量、控制变量之间的多重共线性问题是否影响企业社会责任、媒体报道与企业绩效的关系，本文首先采用 Pearson 相关分析对模型中的变量进行初步判断，表 3 结果显示，大多数自变量和控制变量之间存在较为显著的相关性，且大部分相关系数低于 0.5。考虑到 CSR_2、CSR_3 与 CSR_4 的相关系数超过 0.8，为了进一步验证解释变量、调节变量与控制变量之间是否存在多重共线性问题，通过方差膨胀因子检验（VIF）进行识别，表 4 结果显示方差膨胀因子低于 10，表明变量间的关系没有受到多重共线性问题的干扰（王永中和赵奇锋，2016；李文茜等，2018）。

表3   **Pearson 相关性检验**

变量	1	2	3	4	5	6	7	8	9	10	11
CSR_1	1										
CSR_2	0.163***	1									
CSR_3	0.158***	0.822***	1								
CSR_4	0.127***	0.853***	0.876***	1							
CSR_5	0.256***	0.162***	0.214***	0.101***	1						
Media	0.108***	0.208***	0.186***	0.164***	0.142***	1					
Labor	0.116***	0.186***	0.209***	0.230***	0.066***	0.393***	1				
Top10	0.327***	0.012*	0.006	0.018***	0.042***	0.084***	0.119***	1			
LEV	−0.282***	0.113***	0.063***	0.073***	0.061***	0.161***	0.215***	−0.130***	1		
Age	−0.10***	−0.027***	−0.048***	−0.072***	0.112***	0.024***	0.041***	−0.222***	0.168***	1	
Size	0.117***	0.297***	0.215***	0.230***	0.190***	0.489***	0.717***	0.123***	0.339***	0.178***	1

注：*、**、***分别表示在10%、5%、1%的置信水平上显著。

表4   **多重共线性检验结果**

Variable	VIF	1/VIF
CSR_1	1.37	0.73111
CSR_2	4.48	0.223044
CSR_3	5.05	0.197872
CSR_4	5.99	0.167066
CSR_5	1.21	0.82515
Media	1.34	0.743534
Labor	2.27	0.441242
Top10	1.21	0.829749
LEV	1.31	0.763907
Age	1.15	0.867862
Size	2.87	0.348255
Mean VIF	2.57	

4.2　基准回归

基准回归结果呈现在表5中。列（1）是各维度企业社会责任（CSR）与企业绩效（TobinQ）的关系。列（2）至（6）是研究加入交互项后媒体对各维度CSR与企业财务绩效关系的调节作用。从

表 5 列（1）回归系数可知，各维度的社会责任对企业财务绩效的影响不尽相同，对企业财务绩效（TobinQ）的回归系数有的为正有的为负。具体而言，股东责任与员工责任均在 1% 的水平上对企业绩效具有正向影响，即承担的股东责任与员工责任越多，企业绩效越高。而供应商责任、环境责任与社区责任分别在 10%、1%、1% 水平上对企业绩效具有负向影响。这可能是因为相比公司股东和员工，供应商责任、环境责任与社区责任影响的利益相关者并非企业进行经营活动的直接利益相关者，社会责任的承担无法得到市场及时反馈，履行社会责任的成本难以抵消。可见，假设 H1 得以验证。

从表 5 的列（2）至（6）各维度的 CSR 和媒体关注的交互项可以看出，交互项对企业绩效均有一定影响。具体而言，媒体关注与股东责任的交互项系数在 1% 的水平上显著，系数为正。同时观察股东责任与企业绩效相关系数在 1% 的水平上显著为正，表明媒体关注加强了股东责任对企业绩效的正向影响。员工责任与媒体关注交互项系数在 5% 的水平上对企业绩效具有正向影响，也强化了员工责任对企业绩效的正向影响。对于供应商责任、环境责任与社区责任与企业绩效的相关系数为负，但媒体关注与这三个维度社会责任的交互项对企业绩效均在 1% 的水平上显著，符号为正，即弱化供应商责任、环境责任与社区责任对企业绩效的负向影响。图 1 更清晰地显示出上述结果，假设 H2 得以成立。这是因为媒体关注既能够发挥公司治理的作用，提高企业社会责任履行效率；又能够通过传达企业承担社会责任的信息获得市场反馈，在一定程度上弥补 CSR 承担的成本，以此实现 CSR 履行和企业绩效提升的"共赢"。

表 5　　　　　　　　　　　　企业社会责任、媒体关注与企业绩效

	（1）TobinQ	（2）TobinQ	（3）TobinQ	（4）TobinQ	（5）TobinQ	（6）TobinQ
CSR_1	**0.034*****	**0.029*****	0.030***	0.030***	0.030***	0.030***
	（0.002）	**（0.002）**	（0.002）	（0.002）	（0.002）	（0.002）
CSR_2	**0.072*****	0.069***	**0.068*****	0.070***	0.071***	0.069***
	（0.007）	（0.007）	**（0.007）**	（0.007）	（0.007）	（0.007）
CSR_3	**−0.009***	−0.020***	−0.019***	**−0.023*****	−0.019***	−0.019***
	（0.005）	（0.005）	（0.005）	**（0.005）**	（0.005）	（0.005）
CSR_4	**−0.015*****	−0.009*	−0.010**	−0.009*	**−0.013*****	−0.009*
	（0.005）	（0.005）	（0.005）	（0.005）	**（0.005）**	（0.005）
CSR_5	**−0.016*****	−0.015***	−0.014***	−0.014***	−0.014***	**−0.015*****
	（0.003）	（0.003）	（0.003）	（0.003）	（0.003）	**（0.003）**
Media		0.550***	0.552***	0.552***	0.553***	0.550***
		（0.013）	（0.013）	（0.013）	（0.013）	（0.013）
Media×CSR_1		**0.021*****				
		（0.002）				

续表

	（1）TobinQ	（2）TobinQ	（3）TobinQ	（4）TobinQ	（5）TobinQ	（6）TobinQ
Media×CSR$_2$			**0.007****			
			（0.003）			
Media×CSR$_3$				**0.009*****		
				（0.002）		
Media×CSR$_4$					**0.008*****	
					（0.002）	
Media×CSR$_5$						**0.007*****
						（0.002）
控制变量	是	是	是	是	是	是
常数项	20.608***	24.792***	24.646***	24.684***	24.682***	24.643***
	（0.276）	（0.280）	（0.281）	（0.281）	（0.281）	（0.281）
r^2_a	0.470	0.515	0.512	0.512	0.512	0.512
F	817.717	914.994	893.450	895.122	895.189	894.314
样本量	21842	21842	21842	21842	21842	21842

注：*、**、***分别表示在10%、5%、1%的置信水平上显著；括号内为稳健标准差。

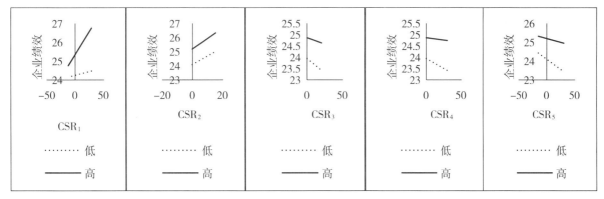

图1　媒体关注对多元社会责任与企业绩效调节作用图

4.3　内生性分析

企业绩效与社会责任的关系可能存在一定的内生性问题（周虹等，2019）。尹开国等（2014）认为企业绩效与CSR互为因果的可能性不应在研究中被忽略，绩效较好的企业一方面拥有更多的社会资本，更有能力承担 CSR 的成本和规避社会责任伴随的可能风险；另一方面绩效较好的企业往往更注重企业社会价值，并以此作为竞争优势。同时考虑到模型可能存在遗漏变量问题，如企业文化、企业环境战略等都会通过影响企业生产与非生产性行为，进而影响企业绩效。而这些企业个体特征往往难以度量。因此，本文进一步尝试采用工具变量方法缓解内生性问题。

具体而言，本文借鉴 Fisman 和 Svensson 的方法，使用同一年度与同一地区和讯网发布的社会责任报告分数的均值作为各维度企业社会责任的工具变量(李安泰，2018)。均值代表了企业社会责任的平均水平，同一年度同一地区的企业出于竞争和所处环境影响，企业自身履行的社会责任也会受到其他企业的影响，但这一平均值较少影响单个企业的绩效水平，满足工具变量的相关性与外生性，因此可以作为 CSR 工具变量(张璇等，2017)。为进一步降低同一年度同一地区企业平均值中当前企业因素的干扰，本文使用剔除了本企业后同一年度同一地区其他企业的社会责任作为工具变量。最终结果见表 6。从回归结果可以发现，各维度 CSR 的工具变量对企业绩效的影响以及媒体关注对各维度社会责任与绩效之间关系的调节作用基本与基准回归一致。

表 6　　　　　　　　　　　　　　　　工具变量回归结果

	(1) $\text{Tobin}Q$	(2) $\text{Tobin}Q$	(3) $\text{Tobin}Q$	(4) $\text{Tobin}Q$	(5) $\text{Tobin}Q$	(6) $\text{Tobin}Q$
$\text{CSR}_1(\text{IV})$	**0.098*****	**0.105*****	0.011	0.028***	−0.001	0.027***
	(0.022)	**(0.022)**	(0.007)	(0.003)	(0.006)	(0.005)
$\text{CSR}_2(\text{IV})$	**0.513****	0.036***	**0.678*****	0.333***	1.190***	0.091***
	(0.219)	(0.012)	**(0.217)**	(0.030)	(0.170)	(0.008)
$\text{CSR}_3(\text{IV})$	**−0.016**	−0.026***	−0.156***	**−0.625*****	0.906***	−0.014
	(0.077)	(0.005)	(0.047)	**(0.071)**	(0.143)	(0.013)
$\text{CSR}_4(\text{IV})$	**−1.491*****	0.001	−0.218***	0.316***	**−1.655*****	−0.039***
	(0.266)	(0.006)	(0.074)	(0.042)	**(0.249)**	(0.010)
$\text{CSR}_5(\text{IV})$	**−0.036**	−0.040***	−0.011***	0.051***	−0.155***	**−0.038**
	(0.026)	(0.007)	(0.004)	(0.009)	(0.021)	**(0.026)**
Media		0.515***	0.538***	0.799***	0.522***	0.709***
		(0.015)	(0.015)	(0.019)	(0.041)	(0.017)
Media×$\text{CSR}_1(\text{IV})$		**0.072*****				
		(0.010)				
Media×$\text{CSR}_2(\text{IV})$			**0.035*****			
			(0.010)			
Media×$\text{CSR}_3(\text{IV})$				0.015**		
				(0.007)		

续表

	（1）TobinQ	（2）TobinQ	（3）TobinQ	（4）TobinQ	（5）TobinQ	（6）TobinQ
Media×CSR$_4$（IV）					**0.063*****	
					（0.015）	
Media×CSR$_5$（IV）						**0.019**
						（0.017）
控制变量	是	是	是	是	是	是
r^2_a		0.254	0.094	0.001	−2.077	0.343
F		794.426	659.426	636.903	207.680	954.605
样本量	21842	21842	21842	21842	21842	21842
Kleibergen-Paap rk LM static		197.739	32.139	109.035	53.418	288.173
Cragg-Donald Wald F statistic		99.302	16.017	54.533	26.758	145.926

注：＊、＊＊、＊＊＊分别表示在10%、5%、1%的置信水平上显著；括号内为稳健标准差。

4.4　稳健性检验

考虑到前文媒体关注度数据为作者通过手工收集，因此为了检验其客观性，即回归结果是否稳健，参照李志辉和邹谧（2018）等学者的做法，对变量截取不同样本区间检验。表7为剔除2010—2011年数据进行样本期的替换检验结果，基本与基准回归一致，可见模型结果具有稳健性。

表7　　　　　　企业社会责任、媒体关注与企业绩效（2012—2018年）

	（1）TobinQ	（2）TobinQ	（3）TobinQ	（4）TobinQ	（5）TobinQ	（6）TobinQ
CSR$_1$	**0.033*****	**0.029*****	0.030***	0.030***	0.030***	0.030***
	（0.002）	**（0.002）**	（0.002）	（0.002）	（0.002）	（0.002）
CSR$_2$	**0.072*****	0.071***	**0.069*****	0.071***	0.072***	0.071***
	（0.009）	（0.008）	**（0.008）**	（0.008）	（0.008）	（0.008）
CSR$_3$	**−0.012***	−0.025***	−0.023***	**−0.027*****	−0.023***	−0.023***
	（0.006）	（0.006）	（0.006）	**（0.006）**	（0.006）	（0.006）
CSR$_4$	**−0.021*****	−0.013**	−0.015**	−0.014**	**−0.018*****	−0.015**
	（0.006）	（0.006）	（0.006）	（0.006）	**（0.006）**	（0.006）
CSR$_5$	**−0.013*****	−0.012***	−0.012***	−0.011***	−0.011***	**−0.012*****
	（0.003）	（0.003）	（0.003）	（0.003）	（0.003）	**（0.003）**

续表

	（1）TobinQ	（2）TobinQ	（3）TobinQ	（4）TobinQ	（5）TobinQ	（6）TobinQ
Media		0.533***	0.541***	0.542***	0.543***	0.540***
		(0.014)	(0.014)	(0.014)	(0.014)	(0.014)
Media×CSR_1		0.019***				
		(0.002)				
Media×CSR_2			0.006*			
			(0.003)			
Media×CSR_3				0.007***		
				(0.002)		
Media×CSR_4					0.007***	
					(0.002)	
Media×CSR_5						0.004*
						(0.002)
控制变量	是	是	是	是	是	是
常数项	20.708***	24.663***	24.462***	24.487***	24.486***	24.462***
	(0.314)	(0.317)	(0.318)	(0.318)	(0.318)	(0.318)
r^2_a	0.481	0.522	0.519	0.519	0.519	0.519
F	693.954	758.955	744.397	745.224	745.167	744.427
样本量	18058	18058	18058	18058	18058	18058

注：*、**、***分别表示在10%、5%、1%的置信水平上显著；括号内为稳健标准差。

5. 结论与启示

5.1 研究结论

本文基于 CSR 与企业财务绩效关系的已有研究，分析出媒体关注是两者关系的调节变量，着重探讨了媒体关注对各维度社会责任与绩效关系调节作用的内在机制，并在此基础上提出了本文的研究假设。进一步，将 2010—2018 年沪深 A 股上市公司财务数据与中国上市公司财经新闻数据库媒体对企业报道数目相匹配作为研究样本，采用固定效应模型进行基准回归实证分析，对前文所提出的研究假设进行了验证。在解决模型可能存在的内生性问题，以及剔除部分年份样本后，上述结果依旧具有稳健性。

研究结果表明，股东与员工责任的履行对企业绩效具有促进作用，这是因为股东与员工往往能直接感知企业对他们履行的社会责任，所以对两者责任的承担往往能提高其组织认同感，反馈为企业绩效的提升。而由于承担供应商和客户责任、环境责任和社区责任短期内获得的收益难以弥补承担责任的成本损失，对于企业绩效有显著的抑制作用。媒体关注能强化股东和员工责任对财务绩效的正向影响，弱化供应商和客户责任、环境责任和社区责任对绩效的负向影响，证明媒体关注对企业各维度社会责任与绩效之间的关系起到"锦上添花"的作用。表明媒体关注确实能在降低企业与其他利益相关者的信息不对称的同时，提升企业治理水平，帮助其更好地进行社会责任决策，促进社会责任对企业绩效的正向影响。

5.2　研究贡献与管理启示

本文研究贡献主要体现在两个方面：

一方面，本研究从社会责任的不同维度探究对企业绩效的影响，丰富了有关社会责任的研究。已有研究多对企业整体社会责任与绩效之间的关系进行探讨，即使有部分研究对社会责任维度进行划分，也多得出各维度社会责任对绩效均具有相同作用的结论(涂红和郑淏，2018；王正军和谢晓，2020)。但本文的研究发现，现阶段不同维度企业社会责任的承担对企业绩效的影响存在一定的差异性，并揭示了造成差异的原因，为企业社会责任对企业绩效影响的差异提供了理论解释。

另一方面，本研究有助于媒体关注在社会责任方面的研究，为解决社会责任对企业绩效不确定性的影响提供了更进一步的实践证据。具体而言，尽管学界认可媒体关注对信息传播以及公司治理的作用，但媒体对社会责任与企业绩效两者关系的调节效果却存在不同观点。本研究借鉴媒体关注已有的研究理论框架，得到了与许楠和闫妹姿(2013)、贾兴平等(2016)等学者相似的研究结果，为媒体关注发挥的积极作用提供了经验性证据，进一步佐证理论的适用性，并对理论适用范围进行了扩展，验证其在不同维度社会责任与企业绩效关系间发挥的作用依然适用，揭示了媒体关注对各维度社会责任的积极意义，也为理解不同维度社会责任对企业绩效的影响提供了一个新视角。

基于研究结果，本文的研究结论有以下实践启示：

首先，当前阶段企业社会责任利弊共存，企业应履行多方利益相关者的社会责任，虽然以财务绩效为导向的经营目标会约束企业某类社会责任的履行，但企业应充分考虑长期的竞争力以实现企业的可持续发展。政府应对企业社会责任的履行给予税收优惠、财政补贴、降低市场准入门槛等政策性支持，特别是引导企业积极履行供应商和客户、环境以及社区责任。

其次，公司应当对媒体关注对企业绩效带来的积极影响给予关注，让外部利益相关者对公司履行的各维度社会责任有全面的了解，主动承担社会责任并接受媒体监督。同时要充分利用媒体对其他企业、投资者社会责任的报道，帮助企业更好地进行决策。

此外，对于媒体而言，要加快信息传播速度，扩充信息传播途径，更好地实现信息的对称性。媒体应着重关注利益相关者需通过信息传播获取的公司供应商和客户、环境以及社区责任的履行情况。同时要确保媒体监督的独立性，重视媒体作为法律外第三方监督主体对企业社会责任的监督作用。出台专门的规章制度，一方面保障媒体监督职能的充分发挥，另一方面对媒体进行监督，使媒体监督成为一种长效机制。媒体在监督企业是否履行社会责任的同时也要接受民众和其他媒体的监督，确保媒体的报道是客观、真实的，使企业在良好的舆论环境下不断完善自身的社会责任履行情况。

5.3 研究局限与展望

首先，本文只选取了沪深 A 股中国上市公司作为研究样本，对于中国经济市场而言，大中型非上市公司也同样扮演着重要角色，出于各种动机履行着多重社会责任，特别对于在未来几年准备上市的企业而言更具有激励积极承担社会责任，构建良好的企业形象。因此，本研究得出的结论是否具有普适性需要通过扩大研究样本至沪深 A 股以外的非上市公司进一步进行检验。

其次，本文只讨论了社会责任对当期绩效存在的影响，然而由于市场条件不完善、会计核算制约等干扰因素，企业承担社会责任的信息从传递到市场信号的接受往往需要一定的时间，利益相关者往往不能及时有效地掌握有关企业承担社会责任的信息，因此社会责任对企业绩效的正向影响可能存在一定的滞后性，下一阶段可以关注媒体调节作用下社会责任对企业长期绩效的影响。

最后，本文在对媒体关注调节作用理论机制分析时指出，媒体具有传播信息这一功能，而对于股东和员工直接利益相关者而言，他们往往能直接感知企业对他们所履行的社会责任，从而对企业绩效具有正向反馈，相比供应商和客户、环境以及社区责任对媒体传播的依赖性更低，然而是否供应商和客户、环境以及社区责任的履行都要依靠媒体的传播才能对企业价值有积极影响，即不同维度社会责任和企业绩效关系对媒体关注的依赖程度是否存在差异需要下一阶段深入研究。

◎ 参考文献

[1] 白旻，王仁祥. 企业社会责任如何影响企业持续创新[J]. 中国科技论坛，2020(1).

[2] 曹兴，张伟，李笑冬，李文. 尽责管理下跨国供应链企业社会责任对财务绩效影响的实证研究[J]. 系统工程，2016，34(10).

[3] 陈西婵. 企业社会责任信息披露、媒体关注与企业绩效[J]. 财会通讯，2018(3).

[4] 陈支武. 企业慈善捐赠的理论分析与策略探讨[J]. 当代财经，2008(4).

[5] 丁栋虹，陈学猛. 社会责任与公司绩效关系实证研究——来自中国上市公司的证据[J]. 学习与探索，2013(4).

[6] 杜金岷，李亚菲，吴非. 股票流动性、媒体关注与企业创新[J]. 中国经济问题，2020(3).

[7] 郭照蕊，黄俊. 新闻媒体报道、高管薪酬与企业未来经营绩效[J]. 中央财经大学学报，2018(6).

[8] 黄艺翔，姚铮. 企业社会责任报告、印象管理与企业业绩[J]. 经济管理，2016，38(1).

[9] 姬霖，魏书媛. 媒体监督对企业绩效的影响研究[J]. 产业与科技论坛，2019，18(18).

[10] 贾兴平，刘益，廖勇海. 利益相关者压力、企业社会责任与企业价值[J]. 管理学报，2016，13(2).

[11] 孔东民，刘莎莎，应千伟. 公司行为中的媒体角色：激浊扬清还是推波助澜？[J]. 管理世界，2013(7).

[12] 李培功，沈艺峰. 媒体的公司治理作用：中国的经验证据[J]. 经济研究，2010，45(4).

[13] 李培功，沈艺峰. 经理薪酬、轰动报道与媒体的公司治理作用[J]. 管理科学学报，2013，16(10).

[14] 李庆华，胡建政. 企业社会责任与企业竞争优势的关系研究——来自沪深两市上市公司的经验证据[J]. 科学学与科学技术管理，2011，32(8).

[15] 李安泰. 企业社会责任披露的增值效应与补偿效应研究[D]. 武汉：华中科技大学，2018.

[16] 李志辉，邹谧. 中国股票市场操纵行为测度与影响因素研究——基于上市公司特征角度[J]. 中央财经大学学报，2018(12).

[17] 李文茜，贾兴平，廖勇海，刘益. 多视角整合下企业社会责任对企业技术创新绩效的影响研究[J]. 管理学报，2018，15(2).

[18] 龙文滨，宋献中. 社会责任投入增进价值创造的路径与时点研究——一个理论分析[J]. 会计研究，2013(12).

[19] 买生，张纹瑞，郑洁. 企业社会责任与企业社会资本——基于市场化程度与行业竞争地位的调节效应[J]. 会计之友，2020(2).

[20] 沈洪涛，冯杰. 舆论监督、政府监管与企业环境信息披露[J]. 会计研究，2012(2).

[21] 田高良，封华，于忠泊. 资本市场中媒体的公司治理角色研究[J]. 会计研究，2016(6).

[22] 涂红，郑渌. 企业社会责任、所有制与公司价值[J]. 南开学报(哲学社会科学版)，2018(6).

[23] 王清刚，徐欣宇. 企业社会责任的价值创造机理及实证检验——基于利益相关者理论和生命周期理论[J]. 中国软科学，2016(2).

[24] 王永中，赵奇锋. 风险偏好、投资动机与中国对外直接投资：基于面板数据的分析[J]. 金融评论，2016，8(4).

[25] 吴德军. 公司治理、媒体关注与企业社会责任[J]. 中南财经政法大学学报，2016(5).

[26] 吴梦云，张林荣. 高管团队特质、环境责任及企业价值研究[J]. 华东经济管理，2018，32(2).

[27] 吴芳，张岩. 家族涉入、非市场战略与企业绩效：基于社会情感财富的多维度视角[J]. 当代财经，2019(3).

[28] 徐莉萍，辛宇，祝继高. 媒体关注与上市公司社会责任之履行——基于汶川地震捐款的实证研究[J]. 管理世界，2011(3).

[29] 许楠，闫妹姿. 媒体关注度和企业社会责任对企业绩效的影响研究[J]. 湖北社会科学，2013(7).

[30] 夏楸，郑建明. 媒体报道、媒体公信力与融资约束[J]. 中国软科学，2015(2).

[31] 夏楸，杨一帆，郑建明. 媒体报道、媒体公信力与债务成本[J]. 管理评论，2018，30(4).

[32] 尹开国，刘小芹，陈华东. 基于内生性的企业社会责任与财务绩效关系研究——来自中国上市公司的经验证据[J]. 中国软科学，2014(6).

[33] 张涛涛，李秉祥，祝珊. 股权质押、内部控制与企业社会责任[J]. 会计之友，2020(8).

[34] 张璇，刘贝贝，汪婷，李春涛. 信贷寻租、融资约束与企业创新[J]. 经济研究，2017，52(5).

[35] 周祖城. 企业社会责任：视角、形式与内涵[J]. 理论学刊，2005(2).

［36］周虹，李端生，张苇锟. 战略性企业社会责任与企业绩效：顾此失彼还是两全其美？［J］. 经济与管理研究，2019，40（6）.

［37］Amy J. Hillman and Gerald D. Keim. Shareholder value, stakeholder management, and social issues: What's the bottom line?［J］. Strategic Management Journal, 2001, 22（2）.

［38］Alexander Dyck, Natalya Volchkova and Luigi Zingales. The corporate governance role of the media: Evidence from Russia［J］. The Journal of Finance, 2008, 63（3）.

［39］Arikan, E. et al. Investigating the mediating role of corporate reputation on the relationship between corporate social responsibility and multiple stakeholder outcomes［J］. Quality & Quantity: International Journal of Methodology, 2016, 50（1）.

［40］Baruch Lev, Christine Petrovits and Suresh Radhakrishnan. Is doing good good for you? How corporate charitable contributions enhance revenue growth［J］. Strategic Management Journal, 2010, 31（2）.

［41］Bushee, B. J., Core, J. E., Guay, W, et al. The role of the business press as an information intermediary［J］. Journal of Accounting Research, 2010, 48（1）.

［42］Chen, C.W., Pantzalis, C., Park, J.C. Press coverage and stock price deviation from fundamental value ［J］. Journal of Financial Research, 2013, 36（2）.

［43］Dyck, A., Zingales, L. Private benefits of control: An international comparison［J］. The Journal of Finance, 2004, 59（2）.

［44］Dumitrescu, D., Simionescu, L. Empirical research regarding the influence of corporate social responsibility（CSR）activities on companies' employees and financial performance［J］. Economic Computation & Economic Cybernetics Studies & Research, 2015, 49（3）.

［45］Dong, Z, Wei, X., Zhang, Y. The allocation of entrepreneurial efforts in a rent-seeking society: Evidence from China［J］. Journal of Comparative Economics, 2016, 44（2）.

［46］Dijk, O., Holmen, M. Charity, incentives, and performance［J］. Journal of Behavioral and Experimental Economics, 2017, 66.

［47］Gordon, L.A., Loeb, M. P., Tseng, C. Y. Enterprise risk management and firm performance: A contingency perspective［J］. Journal of Accounting and Public Policy, 2009, 28（4）.

［48］Heather Schmidt Albinger and Sarah J. Freeman. Corporate social performance and attractiveness as an employer to different job seeking populations［J］. Journal of Business Ethics, 2000, 28（3）.

［49］Henri Servaes and Ane Tamayo. The impact of corporate social responsibility on firm value: The role of customer awareness［J］. Management Science, 2013, 59（5）.

［50］Jiang, Y., Xue, X., Xue, W. Proactive corporate environmental responsibility and financial performance: Evidence from Chinese energy enterprises［J］. Sustainability, 2018, 10（4）.

［51］Michael L. Barnett and Robert M. Salomon. Beyond dichotomy: The curvilinear relationship between social responsibility and financial performance［J］. Strategic Management Journal, 2006, 27（11）.

［52］Porter, Michael E. and Kramer, Mark R. The competitive advantage of corporate philanthropy［J］. Harvard Business Review, 2002, 80（12）.

［53］Roy Chowdhury, I., & Das, S. K. Environmental regulation, green R&D and the Porter hypothesis［J］. Indian Growth and Development Review, 2011, 4(2).

［54］Tetlock, P. C. Giving content to investor sentiment: The role of media in the stock market［J］. The Journal of Finance, 2007, 62(3).

［55］Xu, Q., Lu, Y., Lin, H., et al. Does corporate environmental responsibility (CER) affect corporate financial performance? Evidence from the global public construction firms［J］. Journal of Cleaner Production, 2021, 315.

［56］Yoo, J.M., Choi, W., Chon, M.L. Do Employees matter in the relationship between corporate social responsibility and financial performance?［J］. Sustainability, 2019, 11(22).

Icing on the Cake or Gilding the Lily?

—Re-examination of the Impact of Multiple Social Responsibilities on Corporate
Financial Performance under Media Attention

Tan Liangmin[1]　Zhang Yang[2]　Tian Ming[3]　Wang Hongpeng[4]

(1,2,3,4　Business School, Hohai University, Nanjing, 210024;

2,3　Jiangsu Provincial Collaborative Innovation Center of World Water Valley and Water Ecological Civilization,

Jiangsu Provincial Research Base of Decision-making Consulting(International Development of Enterprises), Nanjing, 210024)

Abstract: The scholars pay more and more attention to the impact of different dimensions of social responsibility on corporate performance, but there is no empirical test on the economic benefits of multi-dimensional corporate social responsibility under media attention. By matching the financial data of A-share companies listed in Shanghai and Shenzhen Stock Exchanges from 2010 to 2018 with firm's CSR Ratings scores released by Hexun, from the perspective of media, to study the moderating effect of media attention on the relationship between multiple social responsibilities and corporate financial performance. The study found: Shareholder responsibility and employee responsibility have a positive impact on corporate performance, while supplier responsibility, environmental responsibility and social responsibility have a negative impact on corporate performance. Media attention can strengthen the positive impact of shareholder responsibility and employee responsibility on corporate performance, and can mitigate the negative impact of supplier responsibility, environmental responsibility and social responsibility on corporate performance. This result, based on the enrichment of the existing literature on the role of media, helps enterprises fully realize the important role of media attention in the value creation of diversified social responsibility.

Key words: Multiple corporate social responsibility; Media attention; Corporate performance; Moderating effect

专业主编：陈立敏

珞珈管理评论
2022 年卷第 2 辑（总第 41 辑）

Luojia Management Review
No. 2, 2022 (Sum. 41)

性质决定态度：不同非伦理行为对员工揭发决策的影响研究[*]

● 张永军[1]　赵宛婷[2]　李永鑫[3]

（1，2　河南大学商学院　开封　475004；3　河南大学心理学院　开封　475004）

【摘　要】基于归因理论，通过两项情景实验探讨了不同类型非伦理行为对个体内/外部揭发意愿的影响及其边界条件。研究表明，个体对 SUB 的内/外揭发意愿均高于对 UPB 的揭发意愿；相对于个人主义者，集体主义个体对 SUB 的内/外揭发意愿均高于对 UPB 的揭发意愿；在高领导正直情境下，个体对 SUB 的内部揭发意愿高于对 UPB 的内部揭发意愿；在低领导正直情境下，个体对 SUB 的外部揭发意愿高于对 UPB 的外部揭发意愿。

【关键词】私利性非伦理行为　亲组织非伦理行为　揭发意愿　个人—集体主义　领导正直

中图分类号：C93　　　　文献标识码：A

1. 引言

大众排放门、瑞幸咖啡财务造假等商业丑闻持续曝光，导致如何有效遏制非伦理行为一直是国内外学者关注的热点问题（Trevino et al.，2014）。研究发现，揭发是组织治理非伦理行为的有效策略之一（Miceli & Near，2005）。所谓揭发，是指组织中现有或前成员发现组织中违法或非伦理行为而向可能影响该行为的个体或组织的报告行为，包括内部揭发和外部揭发（Near & Miceli，1985）。相关证据表明，揭发确实可以对他人非伦理行为起到震慑作用，通过内部报告或外部检举等方式，组织中非伦理行为发生频率大大降低（Koerner，2014）。

---

* 基金项目：河南省高校科技创新人才（人文社科类）资助项目"中国情境下亲组织非伦理行为的私利演化及治理机制研究"（项目批准号：2020-cx-28）；河南省高等学校哲学社会科学基础研究重大项目"组织中道德'灯下黑'现象的形成机制与治理策略研究"（项目批准号：2022-JCZD-04）；河南省软科学研究"团队间竞争对个体创造力和亲团队非伦理行为的影响机制研究"（项目批准号：222400410128）。

通讯作者：张永军，E-mail：zhangyj0505@126.com。

　　然而，现实中人们并非对所有非伦理行为持相同的揭发态度。比如，同样是造假，人们对报销时弄虚作假和公司为了上市伪造财务数据的揭发态度就截然不同。遗憾的是，过往研究大多集中探讨个体特征或情境因素对员工揭发意愿的影响（刘燕等，2014；Culiberg & Mihelic，2017），对揭发对象本身——非伦理行为如何影响个体的揭发决策关注不足（Near et al.，2004）。研究发现，根据性质不同，非伦理行为可以分为私利性非伦理行为和亲组织非伦理行为（程垦和林英晖，2019）。私利性非伦理行为（Self-interested Unethical Behavior，SUB）指个体为了一己私利而实施的非伦理行为，比如偷窃；亲组织非伦理行为（Unethical Pro-organizational Behavior，UPB）指员工为了维护或提高组织利益而实施的非伦理行为，比如掩盖公司产品缺陷。相对而言，人们对 SUB 的抵制态度明显，而对 UPB 的态度比较"暧昧"（张永军等，2020）。归因理论指出，人们会对他人行为进行原因推断并据此做出相应的决策（Martinko et al.，2002）；归因包括内部归因和外部归因，控制点是影响个体进行内部归因或外部归因的重要因素（Gundlach et al.，2003）。我们认为，个体对他人不同类型非伦理行为可能进行不同的归因，进而做出不同的揭发决策。SUB "损人利己"，个体容易进行内部归因，认为这是源自造恶者"私心"的自发行径；UPB "损己利他"，个体容易进行外部归因，认为这是当事人迫于情境压力的"公心"之举。因此，对 SUB/UPB 的不同归因可能会影响个体对两者揭发策略的内外有别。

　　根据归因理论，一些个体特征和情境因素也可能干扰个体对不同非伦理行为的归因方式，进而推动其做出不同的揭发决策（Gundlach et al.，2003；Robinson et al.，2012）。结合 SUB/UPB 特性以及个体揭发意愿的相关研究，本文重点考察个人—集体主义和领导正直对不同非伦理行为影响个体揭发决策的调节作用。一方面，个人—集体主义体现了个体关于个人利益与集体利益孰轻孰重的价值观念（Wagner，1995），与 SUB/UPB "公私"特性不谋而合；相关研究也指出个人主义者个人利益至上，对 SUB 持积极态度，而集体主义者以集体利益为重，更可能实施 UPB（Husted & Allen，2008）。因此，不同个人—集体主义者可能会对 SUB/UPB 做出不同归因倾向，进而做出不同的揭发决策。另一方面，领导正直指领导恪守道德准则且言行一致的程度（Moorman et al.，2012），不同领导正直情境不仅传递了领导对待非伦理行为态度的信号，也能体现组织处理揭发事件的态度（Peng et al.，2020）。因此，在高低不同领导正直情境中，个体可能会强化或改变对他人 SUB/UPB 的归因方式，进而调整自己的揭发决策。

　　综上分析，本文旨在运用归因理论探讨不同性质非伦理行为对个体内外揭发意愿影响的差异以及相应的边界条件。为此，我们设计了 2 项情景实验。实验一以某校大学生为样本，采用单因素被试间的实验设计，检验不同非伦理行为对个体内外揭发意愿影响的差异；实验二以某高校 MBA 学员为样本，采用双因素被试间与被试内混合实验设计，再次检验不同非伦理行为对个体内外揭发意愿影响的差异，重点揭示个人—集体主义和领导正直在上述影响过程中的调节效应。本文的理论贡献包括：

　　（1）证实不同性质非伦理行为对个体揭发方式的影响存在差异。过往研究忽视了揭发对象本身对个体揭发决策的影响（成瑾等，2021）。本文运用归因理论，通过探讨 SUB/UPB 对个体内外揭发意愿的影响，证实不同性质非伦理行为对个体揭发决策的影响不同，从行为性质视角拓展了个体揭发决策的影响因素。

（2）挖掘不同性质非伦理行为影响个体揭发决策的边界条件。揭发是多种因素交互作用的复杂现象（Nayir & Herzig, 2012）。基于归因理论，本文分别检验了个人—集体主义和领导正直在不同非伦理行为影响个体揭发决策过程中的调节效应，从价值观（个体因素）和领导行为（情境因素）两个方面拓展了行为性质影响个体揭发决策的边界条件，诠释了个体内外揭发决策的复杂心理。

2. 文献回顾与研究假设

2.1　不同非伦理行为对个体内/外部揭发意愿的影响

根据报告非伦理行为的渠道差异，揭发分为内部揭发和外部揭发（Park et al., 2005）。内部揭发指向组织内上级领导或管理层报告问题，外部揭发指通过公开的方式或向组织外执法机构进行检举。Smaili 和 Arroyo（2019）认为员工揭发分为保护型揭发者（protective whistleblower）和怀疑型揭发者（skeptical whistleblower）。前者会为了保护组织或自己采用内部揭发，后者则认为公司内并无有效的举报机制，更倾向于向组织外部进行检举。研究发现，内/外部揭发并非互斥关系，多数使用外部渠道的揭发者通常先在组织内部报告；当组织内部检举机制缺乏良好管理或揭发后得不到积极反馈时，员工才选择向外界披露（Smaili & Arroyo, 2019）。相较于内部揭发，外部揭发一直备受争议。一方面，向外部机构检举通常比内部揭发更有效（Dworkin & Baucus, 1998），可以及时制止组织内非伦理行为，减少更广泛的社会损失，维持社会正义；另一方面，外部揭发意味着员工对组织不忠（Zhang et al., 2009），损害组织形象和声誉，导致组织陷入无法逆转的境地（Berry, 2004）。因此，当察觉非伦理行为，个体会经过一系列的认知判断才最终做出内外揭发决策。

归因理论是个体对某一事件或行为进行原因推断的过程，包括内部归因和外部归因（Weiner, 1985）。内部归因是将事件或行为原因归结为个体因素，外部归因是将事件或行为原因归结为情境因素，控制点是个体进行内外部归因的重要影响因素（Weiner, 1985）。个体对他人行为如何归因，决定了后续个体的态度和行为反应。本文认为，个体对不同性质非伦理行为会进行不同的归因，进而影响其内外揭发策略。一方面，当察觉他人实施 SUB，个体往往会进行内部归因，认为这是肇事者"损人利己"之举，完全是源自当事人"私心"的罪恶勾当。此时，即便揭发者没有遭受直接损失，也会基于道德责任产生道德愤怒，进而做出一些惩罚性反应予以遏制（Lin & Raymond, 2021），从而向上级领导报告或通过组织内正规渠道进行内部揭发。当察觉他人实施 UPB，个体容易被其"亲组织"特性迷惑而进行外部归因，认为这是当事人迫于某种压力（比如竞争压力、领导授意）不得不牺牲自己道德标准以维护组织利益而实施的非伦理行为。因此，相对于 SUB，个体对他人实施 UPB 的内部揭发意愿较低。另一方面，虽然个体倾向于对 SUB 做内部归因，对 UPB 做外部归因，但考虑到"一损俱损""唇亡齿寒"的不利后果，个体对两类非伦理行为的外部揭发意愿均不会太高。相比之下，由于 SUB 危及整个组织利益且肇事者个人需要承担责任，而 UPB 对组织有利，当事人往往"身不由己"，这容易导致个体对 SUB 的外部揭发意愿高于对 UPB 的外部揭发意愿。Gundlach 等

（2003）所提出的揭发社会信息加工模型描绘了潜在举报人对事件原因的看法如何影响其揭发意愿，并指出当观察者认为肇事者应当承担责任时，就会产生更高的揭发意愿。Robinson 等（2012）也发现人们更愿意揭发偷窃而不愿意揭发财务造假。基于上述分析，本文提出如下假设：

H1a：个体对 SUB 的内部揭发意愿高于对 UPB 的内部揭发意愿。

H1b：个体对 SUB 的外部揭发意愿高于对 UPB 的外部揭发意愿。

2.2　个人—集体主义的调节作用

个人—集体主义是个体对个人利益和成果分享相对重要性的看法（Husted & Allen，2008）。个人主义者崇尚个人利益至上，更加看重自身利益，其行动意愿主要由自身需求驱动，倾向于表现出独立型自我构念，与组织其他成员的情感联系较弱；集体主义者注重集体目标和群体利益，将自己看作组织的一分子，认为自己与整个组织相互依存、休戚与共（Oyserman et al.，2002）。个人—集体主义不仅影响个体对行为和事件的看法和分析方式，也决定着其行为模式和伦理决策（Husted & Allen，2008）。

归因理论指出，个体对他人行为的归因过程同样会受到自身因素的影响（Weiner，1985）。鉴于个人主义者和集体主义者对个人—集体利益认知模式的巨大差异，本文认为不同个人—集体主义者对不同非伦理行为有着不同的解读方式和归因倾向，进而在揭发意愿上也有所差异。一方面，个人主义者秉承个人利益高于群体需求的处世原则，当察觉他人的 SUB 时可能会以己度人，认为实施者在追求私利，从而强化了对当事人不当行为的内部归因。然而，个人主义者行为驱动力主要来源于自身需求（Triandis，2001），揭发他人非伦理行为等于暴露自己，与其自我保护动机相悖（Mitchell et al.，2018）。同时，个人利益至上原则导致个人主义者"事不关己，高高挂起"，甚至对非伦理行为持积极态度（Husted & Allen，2008），即看重自身利益得失与 SUB"损人利己"的本质不谋而合，个人主义者不会排斥他人实施的 SUB，更无内/外揭发这种行为的潜在动机。当目睹他人 UPB 时，个人主义者同样会认为这是当事人假借组织公民行为掩盖个人私欲的伎俩（张永军等，2020），虽然强化了对当事人内部归因的倾向，但其局外人的身份认知也可能导致其"睁一只眼，闭一只眼"，甚至想"坐收渔翁之利"，也不存在内/外揭发的强烈意愿。另一方面，当察觉到他人的 SUB，集体利益为重的观念促使集体主义者无法容忍这种"动集体奶酪"的行为，从而进行内部归因，认为这是出自当事人自私本性的卑劣行径。本着对组织负责的态度，集体主义者可能会请示领导加以制止或向外部机构予以披露，内/外部揭发意愿较高；当目睹他人 UPB，这种行为的"亲组织"特性会与个体集体利益至上的观念产生"共振"，促使其认为他人与自己一样关心集体利益，为了组织利益不惜牺牲道德准则应该是情境所致、无奈之举，从而推动了外部归因。基于利益共享、风险共担的考量，集体主义者可能会将亲组织非伦理行为实施者视为功臣进行包庇，既不会向领导告状，更不会诉诸外部。

综上分析，个人主义者个人利益优先，即使强化了对两种非伦理行为的内部归因，但其明哲保身的处理态度使他们对他人 SUB/UPB"无动于衷"，内/外部揭发的可能性不大。集体主义者顾全大局，无法容忍危害集体利益的 SUB，对此内/外部揭发意愿较高；同时，他们会认为 UPB 大多受情境所致，同时也是造福于集体的"善举"，因此内/外部揭发意愿都比较低。假设如下：

H2a：个人—集体主义对不同非伦理行为与个体内部揭发意愿关系具有调节效应，即相对于个人主义个体，集体主义个体对 SUB 的内部揭发意愿高于对 UPB 的内部揭发意愿。

H2b：个人—集体主义对不同非伦理行为与个体外部揭发意愿关系具有调节效应，即相对于个人主义个体，集体主义个体对 SUB 的外部揭发意愿高于对 UPB 的外部揭发意愿。

2.3 领导正直的调节作用

领导正直是衡量领导有效性的重要标准之一。所谓领导正直，是指领导者具备言行一致且行为符合道德规范和价值观的品质（Moorman et al.，2012），具有行为正直和道德性的双重特征。正直的领导强调道德、富有正义感，并要求自己和他人公平公正。研究表明，领导正直不仅积极影响员工建言行为，还有助于组织构建积极的伦理文化/氛围（Mayer et al.，2007），促进个体做出伦理决策，减少非伦理行为（Peterson，2004；White & Lean，2008）。

研究发现，情境因素同样会影响潜在揭发者对非伦理行为的看法和责任判断，进而推动其做出不同的揭发决策（Gundlach et al.，2003）。在组织中，领导品性与行事风格承载着下属判断事物的标准，对下属的行为起到引导作用（Peterson，2004），领导正直可能会影响个体对不同非伦理行为的解读，并根据不同的归因方式做出相应的揭发策略。一方面，领导正直意味着领导者恪守道德标准，拥有更高的道德意识（Den Hartog，2015），极富正义感，对非伦理行为零容忍而且处理及时（Shao，2019）。因此，在高领导正直情形下，个体会认为他人实施 SUB 完全是私心作祟，唯利是图的本性一览无遗，从而强化了对其的内部归因，认为当事人应该承担责任。另外，SUB 与领导正直所倡导的价值观相悖，揭发此类行为符合领导期望，一定会得到领导的积极反馈，从而更愿意内部揭发，外部揭发意愿不高。当观察到他人 UPB，个体会认为当事人冒着可能被领导处分的风险仍实施非伦理行为，这一定是外界情境压力所致，从而强化了外部归因，内/外揭发意愿均相对较低。另一方面，低领导正直意味着领导没原则、无底线，自己不坚守道德准则且言行不一（Moorman et al.，2012）。因此，在低领导正直情形下，对于察觉到的 SUB，个体会认为这是整个不良组织伦理文化/氛围所致，从而强化了外部归因。由于领导没有正义感，个体会认为上级和造恶者是"一丘之貉"，不会理会揭发行为，甚至还可能嘲讽打击揭发者，因而内部揭发意愿较低，外部揭发意愿较高。当察觉到 UPB，由于整个组织伦理框架有问题（Mayer et al.，2007），个体会认为这种亲组织的非伦理行为夹杂着当事人私心，是一种"伪装"，从而强化了内部归因；并进一步认为由于领导不够正直，其很容易被 UPB 的"亲组织"特性迷惑，袒护造恶者，使得内部揭发可能徒劳无益，从而不愿内部报告（Mayer et al.，2003）。但毕竟 UPB 对组织有益，个体可能会陷入一定的道德困境，在要不要诉诸外部机构上比较犹豫，外部揭发意愿相较于 SUB 也比较低。假设如下：

H3a：领导正直在不同非伦理行为与员工内部揭发意愿关系间具有调节效应，即在高领导正直情形下，个体对 SUB 的内部揭发意愿高于对 UPB 的内部揭发意愿。

H3b：领导正直在不同非伦理行为与员工外部揭发意愿关系间具有调节效应，即在低领导正直情形下，个体对 SUB 的外部揭发意愿高于对 UPB 的外部揭发意愿。

本文理论模型见图1。

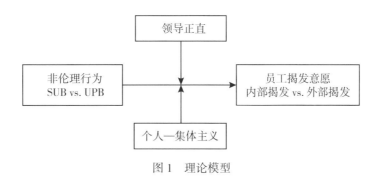

图1　理论模型

3. 研究一

研究一通过被试间情景实验检验不同非伦理行为对个体内/外揭发意愿的影响。

3.1　被试

被试为中部地区××大学的180名在校大学生。其中男性占28.9%，女性占71.1%；18~20岁学生占58.3%，21~25岁学生占41.7%。

3.2　实验设计和程序

采用单因素被试间因子设计，对非伦理行为类型（SUB vs. UPB）进行操控。实验开始前，向被试说明实验任务及匿名性等内容，然后测量被试人口统计学变量；随后将被试随机分成两组，每组90人，分别发放情景实验材料，要求每位被试阅读一种实验情景，阅读同一种材料的被试为一组；最后，测量被试内/外部揭发意愿和操纵检验。实验结束后每位被试将获得额外的平时课程分数。

SUB材料：为了丰富校园生活，××大学开展了"校园文化创意产品设计大赛"，要求参赛者结合校园特色设计一款文化纪念品。比赛以个人为单位，通过微信公众号对作品进行线上投票，并根据得票数多少决定名次与相关奖励。据你所知，你们学院的李明为了使自己拔得头筹，使用了刷票软件进行快速自动刷票。

UPB材料：为了丰富校园生活，××大学开展了"校园文化创意产品设计大赛"，要求参赛者结合校园特色设计一款文化纪念品。比赛以院系为单位，通过微信公众号对各院作品进行线上投票，并根据得票数多少决定名次与相关奖励。据你所知，你们学院的李明为了使本院拔得头筹，使用了刷票软件进行快速自动刷票。

3.3　变量测量

内/外揭发意愿采用 Park 等（2005）开发的量表并结合实验情景稍做改编，各有 2 个和 3 个题项，如"我会使用学校内部的官方渠道进行投诉"。Cronbach α 系数分别为 0.795 和 0.884。人口统计学变量、道德强度（事件的严重性）及社会称许性等作为控制变量。

3.4　结果与分析

3.4.1　操纵检验

实验结束后，要求被试对材料中非伦理行为的性质进行评分，问题为"上述行为是不道德的，但是对学院/学院中的大多数人有益"。1 = "完全不同意"，5 = "完全同意"。独立样本 t 检验结果表明：SUB 组被试得分（$M = 1.39$，SD = 0.49）显著低于 UPB 组（$M = 4.10$，SD = 0.30），$t\,(147.95) = -44.68$，$p<0.001$。因此，非伦理行为类型操控有效。

3.4.2　假设检验

单因素方差分析结果显示：个体对 SUB 的内部揭发意愿（$M = 3.25$，SD = 0.90）显著高于 UPB 组（$M = 2.90$，SD = 0.63），$F\,(1,178) = 9.109$，$p<0.01$，见图 2；个体对 SUB 的外部揭发意愿（$M = 2.31$，SD = 0.68）显著高于 UPB 组（$M = 2.09$，SD = 0.76），$F\,(1,178) = 4.40$，$p<0.05$，见图3。因此，假设 H1a、H1b 成立。

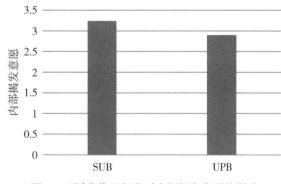

图 2　不同非伦理行为对内部揭发意愿的影响

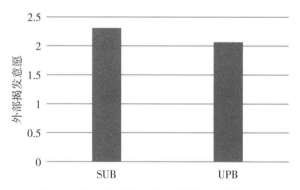

图 3　不同非伦理行为对外部揭发意愿的影响

3.5　研究结论

本项情景实验发现，个体对 SUB 的内/外揭发意愿均高于对 UPB 的内/外揭发意愿，初步证明个体会对不同性质非伦理行为进行不同的归因，进而做出不同的内/外揭发决策。

4. 研究二

采用被试内被试间混合实验设计进一步证实不同非伦理行为对个体内/外揭发意愿的影响，并检验个人—集体主义和领导正直的调节作用。

4.1　被试

对中部某高校 225 名 MBA 学员进行情景实验。其中，男女各占 53.3%、46.7%；20~30 岁员工占 48.8%，31~40 岁员工占 44.4%，41~50 岁员工占 5.8%。

4.2　实验设计和程序

采用 2（非伦理行为类型：SUB vs. UPB）×2（领导正直：高 vs. 低）混合实验设计，非伦理行为类型为被试内设计，领导正直为被试间设计。首先向被试传达实验任务和匿名性等相关内容，随后将被试随机分成两组，并对两组被试进行领导正直（高 vs. 低）操控，其中高领导正直组 112 名被试，低领导正直组 113 名被试。实验开始时要求被试填写性别、年龄、受教育程度等人口统计学信息以及个人—集体主义问卷，然后向所有被试每人发放 2 种非伦理情景材料，被试在阅读完每种情景后填写揭发意愿和操纵检验问卷。实验结束后每位被试将获得一定的小奖品。实验情景参考 Bhal 和 Dadhich（2011）的实验材料并做适当改编：

SUB 材料：A 公司是一家日化产品公司，从事日化产品的生产和销售。李明是该公司生产部门的员工，负责分解洗涤液垃圾并倾泻废水。为了谎报垃圾与污水处理费，李明将未经处理的废水排入附近的一条小河中，这可能会对周围环境造成污染。

UPB 材料：A 公司是一家日化产品公司，从事日化产品的生产和销售。李明是该公司生产部门的员工，负责分解洗涤液垃圾并倾泻废水。为了节约公司生产成本、提高效益，李明将未经处理的废水排入附近的一条小河中，这可能会对周围环境造成污染。

领导正直依据 Mayer 和 David（1999）的概念界定进行操纵：高领导正直组，告知被试该公司一把手在工作和生活中具有强烈的正义感，为人处世有很强的原则性且始终能做到言行一致。低领导正直组，告知被试该公司一把手在工作和生活中缺乏正义感，做事随心所欲，很难做到言行一致。

4.3　变量测量

个人—集体主义采用 Ilies 等人（2007）编制的量表，共 3 个题项，如"相比一个人独立工作，我更喜欢和集体成员一起工作"。Cronbach α 系数为 0.929。内/外揭发意愿采用 Park 等人（2005）

开发的量表，各有 4 个和 3 个题项，如"我会使用公司内部的官方渠道进行举报"。Cronbach α 系数分别为 0.892、0.923。性别、年龄、受教育程度等人口统计学变量及社会称许性作为控制变量。

4.4　结果与分析

4.4.1　操纵检验

配对样本 t 检验结果表明，SUB 组被试得分（$M = 1.47$，SD = 0.61）显著低于 UPB 组（$M = 3.64$，SD = 0.67），t（224）= −33.3，$p < 0.001$，因此，非伦理行为类型操纵有效。领导正直采用 Mayer 和 Davis（1999）开发的量表进行操纵检验，如"该领导具有强烈的正义感"，Cronbach α 系数为 0.962。独立样本 t 检验结果表明，高领导正直组被试得分（$M = 3.35$，SD = 1.09）显著高于低领导正直组（$M = 1.99$，SD = 0.88），t（223）= 10.389，$p < 0.001$，领导正直操控有效。

4.4.2　假设检验

重复测量方差分析结果显示：个体对 SUB 的内部揭发意愿（$M = 3.13$，SD = 0.05）显著高于 UPB 组（$M = 2.75$，SD = 0.06），F（1，219）= 11.29，$p < 0.001$，$\eta^2 = 0.049$；个体对 SUB 的外部揭发意愿（$M = 2.61$，SD = 0.05）显著高于 UPB 组（$M = 2.37$，SD = 0.06），F（1，219）= 10.63，$p < 0.001$，$\eta^2 = 0.046$。因此，假设 H1a、H1b 再次得到检验。

非伦理行为与个人—集体主义对内部揭发意愿的交互作用显著，F（1，62）= 4.13，$p < 0.05$，$\eta^2 = 0.062$。简单效应分析发现，对于集体主义者，个体对 SUB 的内部揭发意愿（$M = 3.38$，SD = 0.15）显著高于对 UPB 的内部揭发意愿（$M = 2.72$，SD = 0.21），F（1，62）= 10.37，$p < 0.01$，$\eta^2 = 0.14$；对于个人主义者，个体对 SUB（$M = 2.84$，SD = 0.15）与对 UPB 的内部揭发意愿（$M = 2.86$，SD = 0.22）无显著差异，F（1，242）= 0.008，$p > 0.05$（见图 4）。因此，假设 H2a 不成立。

非伦理行为与个人—集体主义对外部揭发意愿的交互作用显著，F（1，62）= 5.56，$p < 0.05$，$\eta^2 = 0.082$。简单效应分析发现，对于集体主义者，个体对 SUB 的内部揭发意愿（$M = 2.64$，SD = 0.20）显著高于对 UPB 的内部揭发意愿（$M = 2.02$，SD = 0.20），F（1，62）= 7.87，$p < 0.01$，$\eta^2 = 0.11$；对于个人主义者，个体对 SUB（$M = 2.05$，SD = 0.21）与对 UPB 的内部揭发意愿（$M = 2.28$，SD = 0.21）无显著差异，F（1，62）= 1.003，$p > 0.05$（见图 5）。因此，假设 H2b 成立。

非伦理行为与领导正直对内部揭发意愿的交互作用显著，F（1，219）= 8.75，$p < 0.01$，$\eta^2 = 0.038$。简单效应分析发现，在高领导正直情形下，个体对 SUB 的内部揭发意愿（$M = 3.39$，SD = 0.07）显著高于对 UPB 的内部揭发意愿（$M = 2.79$，SD = 0.09），F（1，219）= 33.97，$p < 0.001$，$\eta^2 = 0.13$；在低领导正直情况下，个体对 SUB（$M = 2.88$，SD = 0.07）与对 UPB 的内部揭发意愿

（$M=2.71$，$SD=0.09$）无显著差异，F（1，219）$=2.71$，$p>0.05$（见图6）。因此，假设H3a成立。

非伦理行为与领导正直对外部揭发意愿的交互作用显著，F（1，219）$=10.61$，$p<0.001$，$\eta^2=0.05$。简单效应分析发现，在高领导正直情况下，个体对SUB（$M=2.35$，$SD=0.09$）与对UPB的外部揭发意愿（$M=2.36$，$SD=0.09$）无显著差异，F（1，219）$=0.00$，$p>0.05$；在低领导正直情形下，个体对SUB的外部揭发意愿（$M=2.85$，$SD=0.09$）显著高于对UPB的外部揭发意愿（$M=2.38$，$SD=0.09$），F（1，219）$=21.34$，$p<0.001$，$\eta^2=0.089$（见图7）。因此，假设H3b成立。

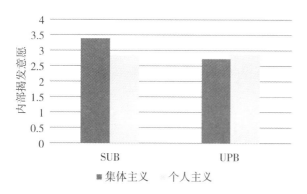

图4　个人—集体主义对非伦理行为与内部揭发意愿的
　　　调节效应

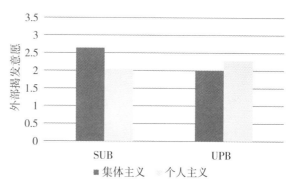

图5　个人—集体主义对非伦理行为与外部揭发意愿的
　　　调节效应

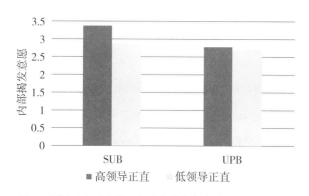

图6　领导正直对非伦理行为与内部揭发意愿的调节效应

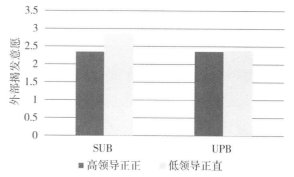

图7　领导正直对非伦理行为与外部揭发意愿的调节效应

4.5　研究结论

研究发现，个体对SUB的内/外揭发意愿均高于对UPB的揭发意愿；个人—集体主义对不同非伦理行为与个体内/外部揭发意愿的关系具有调节效应，即相对于个人主义个体，集体主义个体对SUB的内/外部揭发意愿高于对UPB的内/外部揭发意愿；领导正直对不同非伦理行为与个体内/外部揭发意愿的关系具有调节效应，在高领导正直情形下，个体对 SUB 的内部揭发意愿高于对 UPB 的内部揭发意愿；在低领导正直情形下，个体对 SUB 的外部揭发意愿高于对 UPB 的外部揭发意愿。

5. 结论与讨论

5.1 研究结论

基于归因理论，本文通过两项情景实验探讨了不同性质非伦理行为（SUB 与 UPB）对个体内/外揭发意愿的影响及其边界条件。研究发现：个体对 SUB 的内/外部揭发意愿均显著高于对 UPB 的揭发意愿；集体主义个体对 SUB 的内/外揭发意愿均显著高于对 UPB 的揭发意愿，个人主义个体对 SUB 和 UPB 的内/外揭发意愿无显著差异；在高领导正直情形下，个体对 SUB 的内部揭发意愿高于对 UPB 的内部揭发意愿；在低领导正直情形下，个体对 SUB 的外部揭发意愿高于对 UPB 的外部揭发意愿。

5.2 理论贡献

本文主要有以下两点理论贡献：

第一，证实了非伦理行为性质对个体内/外揭发意愿产生不同影响。过往研究大多关注个体或情境因素如何影响个体揭发意愿，忽略了非伦理行为本身对个体揭发决策的影响（Robinson et al., 2012）。本文发现个体对 SUB 的内/外揭发意愿均高于对 UPB 的内/外揭发意愿，该结论不仅从侧面佐证中国人有"家丑不可外扬"的习惯，也证明不同性质非伦理行为会影响人们的归因方式与揭发决策。SUB 损人利己，谋取私利的动机昭然若揭，很容易激发个体对其内部归因，认为该行为是由肇事者个人因素造成；而 UPB 损己利人，亲组织动机很明显（Umphress et al., 2011），很容易导致个体对其进行外部归因，认为该行为是迫于组织或外界压力所致。面对"私心"的 SUB，出于利他的道义公心与内部归因的判断，个体的内/外部揭发意愿更高；而面对"公心"的 UPB，出于环境压力的解释与利益考量，个体有更高的容忍意愿，往往不愿进行内/外揭发。这一发现不仅再次证明 UPB 的"亲组织"特征极具迷惑性（张永军等，2020），也表明揭发行为是受各种因素影响的复杂决策（Near & Miceli, 1985）。本文运用归因理论解释了观察者对不同性质非伦理行为内/外归因倾向不同，进而导致其内/外揭发决策存在差异，从非伦理行为性质视角丰富了揭发的理论体系。

第二，拓展了非伦理行为性质影响个体揭发意愿的边界条件。（1）证实个人—集体主义价值观影响个体对非伦理行为的归因方式与其内/外揭发的伦理判断。研究发现，个人主义者关注个人利益，在观察到 SUB/UPB 时更倾向于从他人自身因素分析不道德行为的原因，进行内部归因，但在利益的驱使下反而不愿意揭发。相对而言，集体主义者无法接受损害集体利益的 SUB，认为不道德行为完全是实施者私心作祟，加强了内部归因并认为其应该为后果负责，内/外揭发意愿较高；但对 UPB "另眼相看"，认为该行为是由外界压力造成，突出了环境因素的作用，内/外揭发意愿不高。该结论证实由于具有不同的个人—集体利益处理态度（Oyserman et al.，2002），个人—集体主义价值观会影响个体对非伦理行为性质的判断（Husted & Allen，2008），进而做出不同归因方式和揭发决策；也验证了 Gundlach 等（2003）关于个体差异对归因方式及揭发决策关系的猜想。（2）证实领导正直会影响个体对非伦理行为的责任判断及揭发决策。研究发现，在高/低不同领导正直情形下，个体对 SUB/UPB 的内/外揭发意愿存在差异。在高领导正直情形下，行为者实施 SUB 强化了观察者的内部归因，观察者也相信揭发会得到领导有效反馈，从而倾向于内部揭发；对于 UPB 这一 "顶风作案" 的亲组织行为则加强了外部归因，增加其内部揭发的信心；反之，个体则认为内部缺乏有效揭发机制，转而诉诸外部。该结论回应了深入探讨揭发接受者态度对个体揭发决策影响的呼吁（刘燕等，2014），从侧面说明领导正直是影响个体内/外揭发决策的重要组织内部机制（Smaili & Arroyo，2019）。

5.3　管理启示

本文的管理启示在于：

其一，鼓励员工揭发任何性质非伦理行为。个体通常认为 SUB 是由个人自身动机引发，进行内部归因，对其内/外揭发意愿较高，但对于 UPB 却突出外部环境的力量，且容易被 "亲组织" 特性迷惑，不愿揭发。因此，个体要认清非伦理行为的本质，用恰当方式揭发任何性质的非伦理行为。

其二，正确引导个人—集体主义价值观个体行为。个人主义者站在个人角度看待问题，且不仅对 SUB/UPB 充耳不闻，也容易实施 SUB；集体主义者诚然揭发私利动机的 SUB，但对 UPB 进行外部归因且态度 "暧昧"。因此，组织要监控个人主义者的私利导向，鼓励其责任意识、大局观念和道德意识；同时也要警惕集体主义者 "道德迷失"，引导其在追求集体利益时坚守道德准则，坚持以正确的方式做事。

其三，强化领导正直。领导正直是下属判断非伦理行为的重要参考，也是决定员工归因方式和内/外揭发决策的关键因素。因此，领导要恪守道德和法律准则，公正无偏、言行一致，在工作中表现出强烈的正义感。

5.4　不足与展望

本研究也存在一些不足之处。首先，情境操纵存在缺陷。非伦理行为实际表现很多，本文只操纵了非正当刷票、制造有缺陷的产品等，没有涉及财务造假等其他典型情况。其次，揭发行为高度敏感且较为私密，真实行为难以测量。本文测试的是揭发意愿而非真实的揭发行为，可能与现实情况有偏差。最后，缺乏对中介机制的考察。不同非伦理行为究竟通过哪些心理机制导致个体揭发决策不同，我们暂时没有考虑。基于此，未来可操纵更多非伦理行为情形，再次检验不同非伦理行为对个体揭发决策的影响；同时也可检验道德情绪、道德推脱等变量的中介效应以及个体道德哲学、组织伦理氛围等变量的调节作用。

◎　参考文献

[1] 成瑾，贺玉婷，王萃英. 近朱者赤：伦理型领导如何影响员工内部揭发意向？[J]. 中国人力资源开发，2021，38（3）.

[2] 程垦，林英晖. 动机视角下的亲组织不道德行为 [J]. 心理科学进展，2019，27（6）.

[3] 刘燕，赵曙明，蒋丽. 组织中的揭发行为：决策过程及多层次的理论框架 [J]. 心理科学，2014，37（2）.

[4] 张永军，赵君，刘智强. 亲组织非伦理行为的私利风险及作用机制研究 [J]. 管理学报，2020，17（11）.

[5] Berry, B. Organizational culture：A framework and strategies for facilitating employee whistle-blowing [J]. Employee Responsibilities and Rights Journal, 2004, 16（1）.

[6] Bhal, K. T., & Dadhich, A. Impact of ethical leadership and leader-member exchange on whistle-blowing：The moderating impact of the moral intensity of the issue [J]. Journal of Business Ethics, 2011, 103（3）.

[7] Culiberg, B., & Mihelic, K. K. The evolution of whistle-blowing studies：A critical review and research agenda [J]. Journal of Business Ethics, 2017, 146（4）.

[8] den Hartog, D. N. Ethical leadership [J]. Annual Review of Organizational Psychology and Organizational Behavior, 2015, 2（1）.

[9] Dworkin, T. M., & Baucus, M. S. Internal vs. external whistle-blowers：A comparison of whistle-blowing processes [J]. Journal of Business Ethics, 1998, 17（12）.

［10］Gundlach, M. J., Douglas, S. C., & Martinko, M. J. The decision to blow the whistle：A social information processing framework ［J］. Academy of Management Review, 2003, 28（1）.

［11］Husted, B. W., & Allen, D. B. Toward a model of cross-cultural business ethics：The impact of individualism and collectivism on the ethical decision-making process ［J］. Journal of Business Ethics, 2008, 82（2）.

［12］Kaptein, M. From inaction to external whistle-blowing：The influence of the ethical culture of organizations on employee responses to observed wrongdoing ［J］. Journal of Business Ethics, 2011, 98（3）.

［13］Koerner, M. M. Courage as identity work：Accounts of workplace courage ［J］. Academy of Management Journal, 2014, 57（1）.

［14］Lin, X., & Raymond, L. Punishing the perpetrator of incivility：The differential roles of moral identity and moral thinking orientation ［J］. Journal of Management, 2021, 47（4）.

［15］Martinko, M. J., Gundlach, M. J., & Douglas, S. C. Toward an integrative theory of counterproductive workplace behavior：A causal reasoning perspective ［J］. International Journal of Selection and Assessment, 2002, 10（1/2）.

［16］Mayer, R. C., & David, J. M. The effect of the performance appraisal system on trust for management：A field quasi-experiment ［J］. Journal of Applied Psychology, 1999, 84（1）.

［17］Mayer, D. M., Nurmohamed, S., Treviño, L. K., Shapiro, D. L., & Schminke, M. Encouraging employees to report unethical conduct internally：It takes a village ［J］. Organizational Behavior and Human Decision Processes, 2003, 121（1）.

［18］Mayer, D., Nishii, L., Schneider, B., & Goldstein, H. The precursors and products of justice climates：Group leader antecedents and employee attitudinal consequences ［J］. Personnel Psychology, 2007, 60（4）.

［19］Miceli, M. P., & Near, J. P. Standing up or standing by：What predicts blowing the whistle on organizational wrongdoing? ［J］. Research in Personnel and Human Resources Management, 2005, 24.

［20］Miceli, M. P., Near, J. P., & Dworkin, T. M. Whistle-blowing in organizations ［M］. New York：Routledge/Taylor & Francis Group, 2008.

［21］Mitchell, M. S., Baer, M. D., Ambrose, M. L., Folger, R., & Palmer, N. F. Cheating under pressure：A self-protection model of workplace cheating behavior ［J］. Journal of Applied Psychology, 2018, 103（1）.

［22］Moorman, R. H., Darnold, T. C., Priesemuth, M., & Dunn, C. P. Toward the measurement of perceived leader integrity: Introducing a multidimensional approach [J]. Journal of Change Management, 2015, 12 (4).

[23] Nayir, D. Z., & Herzig, C. Value orientations as determinants of preference for external and anonymous whistle-blowing [J]. Journal of Business Ethics, 2012, 107 (2).

[24] Near, J. P., & Miceli, M. P. Organizational dissidence: The case of whistle-blowing [J]. Journal of Business Ethics, 1985, 4 (1).

[25] Near, J., Van Scotter, J., Rehg, M., & Miceli, M. Does type of wrongdoing affect the whistle-blowing process? [J]. Business Ethics Quarterly, 2004, 14 (2).

[26] Oyserman, D., Coon, H. M., & Kemmelmeier, M. Rethinking individualism and collectivism: Evaluation of theoretical assumptions and meta-analyses [J]. Psychological Bulletin, 2002, 128 (1).

[27] Park, H., Rehg, M. H., & Lee, D. The influence of Confucian ethics and collectivism on whistle-blowing intentions: A study of South Korean public employees [J]. Journal of Business Ethics, 2005, 58 (4).

[28] Peng, H., & Feng, W. How and when does leader behavioral integrity influence employee voice? The roles of team independence climate and corporate ethical values [J]. Journal of Business Ethics, 2002, 166 (3).

[29] Peterson, D. Perceived leader integrity and ethical intentions of subordinates [J]. Leadership & Organization Development Journal, 2004, 25 (1).

[30] Robinson, S. N., Robertson, J. C., & Curtis, M. B. The effects of contextual and wrongdoing attributes on organizational employees' whistle-blowing intentions following fraud [J]. Journal of Business Ethics, 2012, 106 (2).

[31] Shao, B. Moral anger as a dilemma? An investigation on how leader moral anger influences follower trust [J]. Leadership Quarterly, 2019, 30 (3).

[32] Smaili, N., & Arroyo, P. Categorization of whistle-blowers using the whistle-blowing triangle [J]. Journal of Business Ethics, 2019, 157 (1).

[33] Triandis, H. C. Individualism-collectivism and personality [J]. Journal of Personality, 2001, 69 (6).

[34] Trevino, L. K., Nieuwenboer, N. A., & Kish-Gephart, J. J. (Un) Ethical behavior in organizations [J]. Annual Review of Psychology, 2014, 65 (1).

[35] Umphress, E. E., & Bingham, J. B. When employees do bad things for good reasons: Examining unethical pro-organizational behaviors [J]. Organization Science, 2011, 22 (3).

[36] Wagner, J. A. Studies of individualism-collectivism: Effects on cooperation in groups [J]. Academy of

Management Journal, 1995, 38 （1）.

［37］ Weiner, B. An attribution theory of achievement motivation and emotion ［J］. Psychological Review, 1995, 92 （4）.

［38］ White, D. W., & Lean, E. The impact of perceived leader integrity on subordinates in a work team environment ［J］. Journal of Business Ethics, 2008, 81 （4）.

［39］ Zhang, J., Chiu, R., & Wei, L. Decision-making process of internal whistle-blowing behavior in China: Empirical evidence and implications ［J］. Journal of Business Ethics, 2009 （1）.

Nature Determines Attitude: A Study on the Influence of Different Unethical Behaviors on Employee Whistle-Blowing Decision

Zhang Yongjun[1]　Zhao Wanting[2]　Li Yongxin[3]

（1, 2　Business School, Henan University, Kaifeng, 475004;

3　School of Psychology, Henan University, Kaifeng, 475004）

Abstract: Based on the attribution theory, we investigated the influence of different types of unethical behaviors on individuals' internal and external whistle-blowing intention and their boundary conditions through two scenarios. The results show that individuals' willingness to expose SUB is higher than that of UPB. Compared with individualists, the willingness of collectivist individuals to expose SUB was higher than that of UPB. In the high leadership integrity situation, individuals' internal whistle-blowing intention to SUB was higher than that to UPB. In the situation of low leadership integrity, individuals' willingness to expose SUB was higher than that of UPB.

Key words: Selfish unethical behavior; Unethical pro-organization behavior; Whistle-blowing willingness; Individualism-collectivism; Leadership integrity

专业主编：杜旌

珞珈管理评论
2022 年卷第 2 辑（总第 41 辑）

Luojia Management Review
No. 2, 2022（Sum. 41）

房产限购与企业创新投资[*]

——基于信贷资源重配视角的研究

● 潘红波¹　杨海霞²　徐雅璐³

（1，2，3　武汉大学经济与管理学院　武汉　430072）

【摘　要】在当前中国实施创新驱动发展战略和科技强国战略的大背景下，积极引导信贷资金流入实体企业以促进实体企业创新投资，对提升中国科技创新实力、实现科技自立自强具有鲜明的现实意义。本文基于信贷资源重配视角，以中国部分城市在 2010—2011 年期间颁布的房产限购政策为准自然实验，构建双重差分模型，实证检验城市房产限购政策对实体企业创新投资的影响。研究结果表明，城市房产限购政策有效提升了限购城市实体企业的创新投资水平，且该结论在经过一系列稳健性检验后仍然成立。异质性分析发现，当房产限购政策较严格、企业为非国有性质或较年轻时，房产限购政策对实体企业创新投资的促进效应更强。此外，房产限购政策对创新投资的促进效应主要体现在"非涉房"实体企业中，且房产限购政策能够通过缓解融资约束来促进"非涉房"实体企业的创新投资，这意味着，信贷资源重配是房产限购政策影响实体企业创新投资的重要机制。本文从信贷资源重配视角丰富了房产限购政策经济后果研究的相关文献，并为中国进一步落实创新驱动发展战略和科技强国战略提供了理论支持和政策建议。

【关键词】房产限购　信贷资源重配　创新投资　融资约束

中图分类号：F275　　　　文献标识码：A

1. 引言

党的十九届五中全会提出"坚持创新在我国现代化建设全局中的核心地位，把科技自立自强作为国家发展的战略支撑"，并将其摆在各项规划任务的首位进行专章部署，不仅再次强调了创新在中

* 基金项目：国家自然科学基金面上项目"官员交流对地方国企高管治理的影响及其经济后果研究"（项目批准号：71572133）；国家社会科学基金重大项目"政府职能转变的制度红利研究"（项目批准号：18ZDA113）。

通讯作者：杨海霞，E-mail：haixiayang@ whu. edu. cn。

国现代化建设中的重要性，而且对提升中国创新能力、实现科技自立自强提出了更为迫切的要求。然而实体企业作为中国科技创新的重要主体，却普遍面临融资难、融资贵等问题（张璇等，2017；Huang et al.，2020），由此导致其创新投资资源严重不足。特别是，在住房商品化政策的推动下，中国房地产价格快速增长，房地产行业的利润显著高于制造业等实体行业（张杰等，2016；Rong et al.，2016），这不仅诱导实体企业将其主营业务资金转而投向"涉房"业务（如房地产开发投资、投资性房地产购置等业务）（刘建江等，2019；Lu et al.，2019），引发实体企业"脱实向虚"的问题（胡宁等，2019；Rong，2016）；还促使银行等金融机构将有限的信贷资源向房地产信贷（如房地产开发投资贷款、个人住房贷款等）倾斜（刘建江等，2019；张晓磊等，2020），导致实体企业更难从银行等金融机构获得信贷资源（安磊等，2018；许桂华等，2019），从而加剧房地产信贷对实体企业信贷的挤占效应、恶化实体企业的融资环境，进而可能不利于实体企业的创新投资。

2010 年 4 月 17 日，国务院发布《关于坚决遏制部分城市房价过快上涨的通知》，要求商品住房价格过高、上涨过快、供应紧张的地区在一定时期内限定购房套数。截至 2011 年底，中国先后共有 46 个城市实施了不同严格程度的住房限购政策（郑世林等，2016）。本文基于信贷资源重配视角，以中国部分城市在 2010—2011 年期间颁布的房产限购政策为准自然实验，构建双重差分模型，实证检验房产限购政策对实体企业创新投资的影响。研究发现，城市房产限购政策有效提升了限购城市实体企业的创新投资水平，且该结论在经过平行趋势检验、安慰剂检验、倾向得分匹配—双重差分法检验等多项稳健性检验后依旧成立。异质性分析结果显示，当房产限购政策较严格、企业为非国有性质或较年轻时，房产限购政策对实体企业创新投资的促进效应更强。此外，房产限购政策对创新投资的促进效应主要体现在"非涉房"实体企业中，且房产限购政策能够通过缓解融资约束来促进"非涉房"实体企业的创新投资，这意味着，信贷资源重配是房产限购政策影响实体企业创新投资的重要机制。

与既有文献相比，本文的边际贡献如下：

首先，从信贷资源重配视角对房产限购政策的经济后果研究进行拓展和补充。实施房产限购政策是中国政府遏制房地产经济快速增长、解决城镇居民住房问题的重要手段（邓柏峻等，2014；刘璐，2013），对中国经济的可持续性发展和社会稳定具有重要战略意义（白仲林等，2019；郑世林等，2016）。目前文献主要分析了城市房产限购政策对房地产价格的影响（白仲林等，2019；李迎星等，2019），也有少量文献研究了房产限购政策对企业违约风险（郑世林等，2016）、融资（安磊等，2018）、投资（胡宁等，2019；王芳等，2018）等方面的影响，形成了丰硕的研究成果。但上述文献对城市房产限购政策如何影响微观实体企业创新投资的研究尚有不足，尤其忽略了房产限购政策的信贷资源重配功能对实体企业融资约束及创新投资的影响。对此，本文基于信贷资源重配视角研究发现，房产限购政策对创新投资的促进效应主要体现在"非涉房"实体企业中，且房产限购政策能够通过缓解"非涉房"实体企业融资约束来促进"非涉房"实体企业创新投资。因此，本文从信贷资源重配视角扩展和补充了房产限购政策的经济后果研究。

其次，从房产限购政策的角度对实体企业创新投资的相关研究进行拓展和补充。已有研究从中国融资融券制度（权小锋等，2017）、知识产权保护制度（Fang et al.，2017）、专利资助政策（张杰等，2018）等方面分析了中国宏观制度与政策环境对微观企业创新的影响，形成了丰硕的研究成果。

本文以中国部分城市颁布房产限购政策为准自然实验，采用双重差分模型检验房产限购政策对实体企业创新投资的影响，不仅有效控制了企业创新投资实证研究的内生性问题，还丰富和拓展了中国宏观制度与政策环境对微观企业创新投资影响的相关研究。

最后，从房产限购政策的角度对融资约束抑制企业创新投资的相关研究进行拓展和补充。已有研究表明，融资约束是抑制企业创新投资的重要因素（解维敏等，2011；Brown et al.，2012）；而房产限购政策可以改变银行等金融机构的信贷资源分配，促使银行等金融机构将原本拟发放给房地产类企业、房地产投资者等群体的信贷资金转而发放给非房地产类实体企业（安磊等，2018；张晓磊等，2020），由此削弱房地产信贷对实体企业信贷的挤占效应、降低实体企业的信贷融资难度，进而缓解实体企业的融资约束。本文发现，房产限购政策的信贷资源重配功能可以有效缓解实体企业的融资约束，进而提升实体企业的创新投资水平。因此，本文深化了"缓解实体企业融资约束—促进实体企业创新投资"的相关研究链条。

2. 政策背景与研究假设

2.1 房产限购政策背景

2010 年 4 月 17 日，为坚决遏制部分城市房价过快上涨、切实解决城镇居民住房问题，国务院发布了《关于坚决遏制部分城市房价过快上涨的通知》（国发［2010］10 号），要求地方人民政府及商业银行等机构严格限制各种名目的炒房和投机性购房。于是，北京结合自身的实际情况在 2010 年 4 月 30 日发布了《北京市人民政府贯彻落实国务院关于坚决遏制部分城市房价过快上涨文件的通知》（京政发［2010］13 号），规定同一购房家庭暂时只能在北京市新购买一套商品住房。

进一步，为巩固房地产市场调控成果，促进房地产市场健康发展，2010 年 9 月 30 日，住建部、原国土资源部和原监察部联合发布调控新举措（建房［2010］155 号），要求房价过高、上涨过快、供应紧张的城市，在一定时间内限定居民家庭购房套数，并对政策落实不到位、工作不得力的进行约谈，甚至追究责任。随后，上海、天津、南京等房价较高的城市制定了房产限购方案，成为第二批限购城市。但此时的房产限购政策主要采用"N+1"模式，即限定每户仅能新购一套房子，新购指标与家庭拥有的住房套数无关，且与户籍不挂钩。

2011 年 1 月 26 日，国务院再次发布文件（国办发［2011］1 号），要求地方政府切实承担起促进房地产市场平稳健康发展的责任，严格执行"国发［2010］10 号"及其相关配套政策，切实将房价控制在合理水平。具体而言，"国办发［2011］1 号"一方面将限购模式由"N+1"升级为"1+1"，即对已有 1 套住房的当地户籍家庭限购 1 套住房，取消拥有 2 套及以上住房家庭的购房资格；另一方面提出限制户籍，将购房资格与户籍直接挂钩，暂停在本行政区域内向拥有 1 套及以上住房的非当地户籍居民家庭、无法提供一定年限当地纳税证明或社会保险缴纳证明的非当地户籍居民家庭售房，以此挤出一部分投资需求（郑世林等，2016）。随后，新增 30 个城市成为第三批限购城市。

2011 年 7 月 12 日，国务院继续加强房地产调控工作，要求房价上涨过快的二、三线城市也要采取必要的限购措施。随后，台州、衢州和珠海成为第四批限购城市。

截至 2011 年底，全国共有 46 个城市实施了房产限购政策，在 46 个限购城市中，各个城市限购的严厉程度也有所差别（郑世林等，2016）。具体情况见表 1。

表 1   房产限购城市的分类

限购城市	限购城市 （不限籍）	限购城市 （限籍 全市）	限购城市 （限籍 全市 多次）
第一批（2010 年第一季度）：北京 第二批（2010 年第四季度）：上海、天津、南京、大连、杭州、宁波、福州、厦门、广州、深圳、海口、三亚 第三批（2011 年第一季度）：哈尔滨、长春、沈阳、呼和浩特、乌鲁木齐、银川、太原、石家庄、西宁、兰州、西安、济南、青岛、郑州、徐州、无锡、合肥、苏州、成都、武汉、舟山、绍兴、金华、温州、南昌、长沙、贵阳、昆明、南宁、佛山 第四批（2011 年第三季度）：台州、衢州、珠海	呼和浩特、乌鲁木齐、银川、太原、舟山、长沙	北京、上海、天津、南京、大连、宁波、厦门、兰州、西安、深圳、海口、三亚、哈尔滨、长春、台州、郑州、合肥、武汉、金华、温州、佛山	北京、上海、天津、深圳、兰州、海口、郑州、合肥、武汉、温州、昆明

注：该数据与已有文献（郑世林等，2016）一致。

2.2 理论分析与研究假设

从理论上说，城市房产限购政策可能会从以下三个方面影响当地实体企业的创新投资行为：

第一，引导实体企业将"涉房"业务资金回流至其主营业务，以此为实体企业的研发部门提供资金支持（实体企业内部的投资替代行为，以下简称"投资替代机制"）。其逻辑在于：在房地产价格快速增长的背景下，"涉房"业务的利润通常远高于实体企业主营业务的利润（张杰等，2016；Rong，2016），此时短视的管理者有动机将实体企业有限的资金从主营业务转而投向风险低、收益高的"涉房"业务（刘建江等，2019；Lu，2019），以获取较高的短期利润；而房产限购政策可以有效削弱房价快速上涨（白仲林等，2019；李迎星等，2019），缩小"涉房"业务的利润空间，从而引导实体企业减少对"涉房"业务的投资（胡宁等，2019；Lu，2019），转而将"涉房"业务资金回流至其主营业务。也就是说，房产限购政策能够在实体企业内部缓解"涉房"业务对其主营业务资金的挤占效应，以此为实体企业的研发部门提供资金支持，进而促进实体企业创新投资。

第二，引导银行等金融机构将有限的信贷资源从房地产业务流向实体经济，减少房地产信贷对实体企业信贷的挤占，以此缓解实体企业创新投资面临的融资约束问题（信贷资源在房地产业务与实体企业之间的重新配置，以下简称"信贷资源重配机制"）。其逻辑在于：在房地产价格快速增长的背景下，"涉房"业务的短期收益较高、风险较低，在贷款利率上限管制的条件下，以银行机构为主的金融体系倾向于将有限的信贷资源优先提供给风险相对较低的房地产行业（张杰等，2016；Martin et al.，2019），以满足房地产行业快速扩张对金融资金的巨大需求，这可能会导致实体企业（尤其是"非涉房"实体企业）更难从银行等金融机构获得信贷资源支持（张晓磊等，2020；Chakraborty et al.，2018），从而加剧实体企业创新投资面临的融资约束问题；而房产限购政策减少了市场对"涉房"业务的追捧、降低了房地产信贷需求，从而促使银行等金融机构将有限的信贷资源从"涉房"业务转移至实体企业（安磊等，2018），以此减弱房地产信贷对实体企业信贷的挤占效应。也就是说，房产限购政策能够引导银行等金融机构重新配置信贷资源，促使信贷资源从房地产行业流向实体企业，以此缓解实体企业（尤其是"非涉房"实体企业）的融资约束，进而促进其创新投资。

第三，降低实体企业信贷融资时的抵押品价值，从而加剧实体企业创新投资面临的融资约束问题（以下简称"降低抵押品价值机制"）。其逻辑在于：房地产价格的快速上涨导致"涉房"企业所拥有的房地产价值大幅增加，这会增加"涉房"企业信贷融资时的抵押品价值（Cvijanović，2014；Gan，2007），以此缓解企业创新投资面临的融资约束问题；而房产限购政策抑制了房地产价格的快速上涨，可能不利于"涉房"企业抵押品价值的提升，由此可能会削弱企业抵押贷款的信贷融资优势、增加企业的信贷融资难度，进而加剧企业创新投资面临的融资约束问题。

综上，房产限购政策既可能通过投资替代机制与信贷资源重配机制促进实体企业创新投资，也可能通过降低抵押品价值机制抑制实体企业创新投资。故提出以下对立假设：

H1a：城市房产限购政策促进当地实体企业创新投资。

H1b：城市房产限购政策抑制当地实体企业创新投资。

3. 研究设计

3.1 研究数据

本文研究所用的研发投入数据及财务数据来源于 CSMAR 数据库，产权性质数据及公司治理数据来源于 WIND 数据库，房产限购政策数据则依靠手工收集。

在数据处理方面：首先，选取 2007—2013 年中国 A 股上市企业为研究样本；其次，剔除金融业（J）、房地产业（K）、建筑业（E）、租赁和商务服务业（L）的样本；最后，剔除主要变量数据缺失的样本。共得到 10844 个样本观测值。

3.2 模型设定和变量定义

为了估计城市房产限购政策对当地实体企业创新投资的影响，本文设定如下双重差分模型：

$$\text{RDratio}_{ict} = \beta_0 + \beta_1 \, \text{XG}_{ct} + \beta_2' \, \text{Controls}_{i,\, t-1} + \text{City}_c + \text{Industry}_{it} + \text{Year}_t + \varepsilon_{ict} \qquad (1)$$

其中，i 代表企业，c 代表地级市、直辖市或者计划单列市，t 代表时间（跨度为年）；RDratio 为企业创新投资变量，用研发投入占营业收入的比例来度量（李常青等，2018；李姝等，2021；Grieser et al.，2019；Lin et al.，2010），即研发投入除以营业收入再乘以 100；XG 为城市是否颁布房产限购政策的虚拟变量，若城市 c 在 t 年末已经颁布房产限购政策，则取值为 1，否则为 0。系数 β_1 是本文关注的重点，若系数 β_1 显著为正，则表明房产限购政策能够促进实体企业创新投资。为控制地区、行业及时间变化对研究结论的影响，本文同时控制城市效应、行业效应及年份效应。其他控制变量包括 SIZE、EBIT、Tobin$Q$、OCF、LEV、LARGEST、SOE、INST、FDC。变量的定义见表 2。

此外，为缓解控制变量与被解释变量之间的因果关系，本文对控制变量进行滞后一期处理；为减少极端值对研究结论的影响，本文对连续变量进行上下 1% 缩尾处理；为保证研究结论的稳健性，本文对回归模型的标准误进行公司层面的聚类调整。

表 2　　　　　　　　　　　　　　　　　变 量 定 义

变量类型	变量名称	变量符号	变量定义或变量计算方法
被解释变量	创新投资	RDratio	研发投入÷营业收入×100
	创新投资 2	RDratioLn	ln（研发投入÷营业收入+1）×100
	创新投资 3	AveR&D	研发投入（万元）÷员工总数×100
解释变量	是否实施房产限购政策	XG	虚拟变量，如果城市当年末已实施房产限购政策，则取值为 1，否则为 0
控制变量	企业规模	SIZE	总资产的自然对数
	息税前利润率	EBIT	息税前利润÷总资产×100
	成长机会	Tobin Q	市值÷总资产×100
	经营现金流占比	OCF	经营活动产生的现金流净额÷总资产×100
	资产负债率	LEV	总负债÷总资产×100
	第一大股东持股比例	LARGEST	第一大股东持股股数÷总股数×100
	产权性质	SOE	虚拟变量，国有企业取值为 1，否则为 0
	机构持股比例	INST	机构投资者持股股数÷总股数×100
	投资性房地产占比	FDC	投资性房地产净额÷总资产×100

3.3　描述性统计分析

表 3 为主要变量的描述性统计结果。从中可知，RDratio 的均值为 1.879，表明研发投入占营业收入的比例平均为 1.879%，即平均而言，对于营业收入为 1 亿元的公司，其研发投入为 187.9 万元（1.879%×1 亿元），说明在研究样本期间，中国 A 股上市企业的创新投资水平较低；RDratio 的分位

数差异较大，说明样本企业之间的创新投资水平差异较大。另外，XG 的均值为 0.394，说明约 39.4%的样本观测处于已实施房产限购状态的城市中。

表 3　　　　　　　　　　　　　　　描述性统计结果

变量	观测数	均值	标准差	25%分位数	中位数	75%分位数
RDratio	10844	1.879	3.055	0.000	0.268	3.105
XG	10844	0.394	0.489	0	0	1
SIZE	10844	21.604	1.187	20.764	21.440	22.246
EBIT	10844	6.244	6.011	3.381	5.870	8.961
TobinQ	10844	2.015	1.639	0.892	1.546	2.568
OCF	10844	4.915	7.604	0.669	4.702	9.290
LEV	10844	44.742	21.252	28.537	45.618	60.977
LARGEST	10844	36.355	15.036	24.150	34.760	47.660
SOE	10844	0.532	0.499	0	1	1
INST	10844	22.164	21.895	3.603	14.009	36.740
FDC	10844	0.946	2.956	0.000	0.000	0.214

4. 实证结果与分析

4.1　基本回归结果分析

表 4 是城市房产限购政策影响实体企业创新投资的双重差分检验结果。列（1）显示，当只控制城市、行业、年份效应但不控制其他控制变量时，XG 的回归系数为 0.295，在 1%的水平下显著。该结果初步表明，城市房产限购政策有助于该城市实体企业创新投资水平的提升，即假设 H1a 成立。

列（2）显示，在加入其他控制变量后，XG 的回归系数为 0.254，仍然在 1%的水平下显著。这意味着，平均而言，与暂未实施房产限购政策城市的实体企业相比，城市实施房产限购政策能使该城市实体企业的创新投资水平提升 0.254，占样本企业创新投资变量均值（1.879）的 13.518%，具有一定的经济重要性。因此，假设 H1a 成立，即城市房产限购政策促进了该城市实体企业的创新投资。

表4　　　　　　　　　　　　　　　房产限购与企业创新投资的回归结果

	（1）	（2）
XG	0.295***	0.254***
	（3.492）	（3.152）
控制变量	不控制	控制
城市/行业/年份	控制	控制
样本量	10844	10844
调整 R^2	0.382	0.456

注：限于篇幅，控制变量的回归系数未报告；*、**、***分别表示在10%、5%、1%的水平下显著，括号内为 T 值。下同。

4.2　双重差分估计的有效性检验

上述实证结果表明，城市房产限购政策有助于提升限购城市实体企业的创新投资水平。但容易受到质疑的一点是，若限购城市实体企业的创新投资增速在房产限购政策颁布之前便明显高于非限购城市实体企业，即若二者的创新投资变化趋势在房产限购政策颁布之前就存在显著差异，那么双重差分估计是无效的。因此，本文分别采用平行趋势检验和安慰剂检验来验证双重差分估计的有效性。

4.2.1　平行趋势检验

首先，定义虚拟变量 $Before_3$、$Before_2$、$Before_1$、$Current_0$、$After_1$、$After_2$ 和 $After_3$，其中，若样本企业所在地于3年后出台房产限购政策，则虚拟变量 $Before_3$ 取值为1，否则为0；若样本企业所在地于3年前出台房产限购政策，则虚拟变量 $After_3$ 取值为1，否则为0；若样本企业所在城市于本年出台房产限购政策，则虚拟变量 $Current_0$ 取值为1，否则为0；其他虚拟变量的定义类似。然后，将这些虚拟变量作为解释变量替换模型（1）中的 XG，进行回归，得到各个虚拟变量的回归系数及其显著性水平。最后，将虚拟变量的回归系数及其90%置信区间作图。图1是平行趋势检验的回归系数图。从中可知，在房产限购政策颁布前（竖虚线左侧），限购城市企业的创新投资水平变化情况与非限购城市企业并不存在显著差异；但在房产限购政策颁布后（竖虚线右侧），与非限购城市企业相比，限购城市企业的创新投资水平呈现出显著的增长态势。因此，本文的事前平行趋势假设成立。

4.2.2　安慰剂检验

第一，改变政策发生的时间。为确保限购城市实体企业创新投资水平的变化是由城市房产限购政策引起的，此处更换双重差分模型的政策时点以进行安慰剂检验。具体而言，分别将房产限购政策前置1年（XG01）、2年（XG02）和3年（XG03），依次考察"虚拟房产限购政策"对实体企业

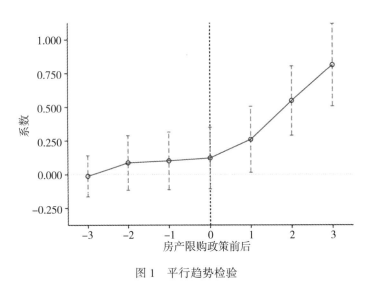

图 1　平行趋势检验

创新投资的影响。如果"虚拟房产限购政策"能够使限购城市实体企业的创新投资水平显著提升，则说明本文的平行趋势假设不成立。表 5 是安慰剂检验的回归结果。从中可知，"虚拟房产限购政策"变量的系数均不显著。因此，与非限购城市相比，未来颁布房产限购政策的城市在真正颁布房产限购政策之前，并未出现实体企业创新投资水平显著变化的情况。因此，本文的平行趋势假设成立。

表 5　　　　　　　　　　　**安慰剂检验：改变房产限购政策的实施时间**

	（1）	（2）	（3）
	限购政策前置 1 年	限购政策前置 2 年	限购政策前置 3 年
XG01	−0.002 （−0.020）		
XG02		0.100 （1.028）	
XG03			0.026 （0.313）
控制变量	控制	控制	控制
城市/行业/年份	控制	控制	控制
样本量	4076	4076	4076
调整 R^2	0.223	0.224	0.223

　　第二，随机抽取处理组。借鉴相关文献（刘瑞明等，2020），首先从样本中随机抽取处理组并用剩余样本作为对照组（重复 1000 次）；然后进行相应回归，分别计算出 1000 次回归中解释变量 XG

的回归系数和 T 统计量，以判断房产限购政策促进实体企业创新投资的统计显著性是否由其他随机因素引起。图 2 是安慰剂检验中房产限购政策变量的 T 统计量核密度图，右侧竖线是表 4 列（2）XG 的 T 统计量数值（$T = 3.152$）。因此，表 4 列（2）中 XG 的系数在统计上具有稳健的显著性，即房产限购政策促进实体企业创新投资的统计显著性并非由其他随机因素引起。

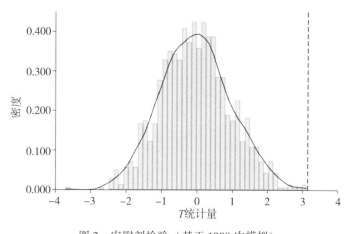

图 2　安慰剂检验（基于 1000 次模拟）

4.3　其他稳健性检验

4.3.1　倾向得分匹配方法

采用倾向得分匹配方法为限购城市实体企业样本寻找对照组样本，进行稳健性检验。具体而言，本文借鉴相关文献（刘晔等，2016），采用逐年匹配的方法为限购城市实体企业找到匹配的对照组。以在 2010 年实施房产限购政策的城市实体企业为例，用模型（1）的控制变量为协变量，采用"一配一、有放回"的配对方法为每家在限购城市的实体企业（处理组）找到一个配对的非限购城市实体企业（对照组）。表 6 是相应的平衡性假设检验结果。从中可知，平衡性假设检验通过。

表 6

PSM 平衡性假设检验

协变量	未匹配 U 匹配 M	处理组 均值	对照组 均值	%偏差	t 值	p 值
SIZE	U	21.733	21.577	12.800	2.200	0.028
	M	21.696	21.616	6.500	0.840	0.399
EBIT	U	7.003	6.858	2.600	0.450	0.655
	M	7.289	6.882	7.300	0.970	0.335

续表

协变量	未匹配 U 匹配 M	处理组 均值	对照组 均值	%偏差	t 值	p 值
TobinQ	U	2.912	2.858	2.700	0.460	0.642
	M	2.850	2.907	−2.800	−0.370	0.714
OCF	U	4.140	4.521	−5.000	−0.870	0.387
	M	4.450	4.278	2.300	0.300	0.764
LEV	U	39.576	43.136	−15.900	−2.750	0.006
	M	40.456	39.902	2.500	0.330	0.741
LARGEST	U	37.867	35.520	15.300	2.650	0.008
	M	36.931	36.911	0.100	0.020	0.986
SOE	U	0.495	0.513	−3.500	−0.610	0.543
	M	0.482	0.467	3.000	0.390	0.699
INST	U	27.278	27.411	−0.600	−0.100	0.922
	M	27.621	26.436	5.000	0.650	0.515
FDC	U	1.430	0.720	22.700	3.920	0.000
	M	0.799	0.945	−4.700	−0.680	0.496

接着，对注册地城市在 2011 年实施房产限购政策的实体企业采用同样的配对方法，得到相应的对照组样本。最后，将两次配对后的样本合并，并剔除重复样本，得到 7284 个样本。表 7 列（1）是 PSM-DID 的回归结果，XG 的系数显著为正，支持假设 H1a。

4.3.2　改变研究样本量

首先，参考相关文献（黄彦彦等，2017；Brav et al.，2018），剔除研发支出数据在研究窗口期始终为零的样本，此时的样本量为 8826，再次用模型（1）回归。表 7 列（2）是对应的回归结果，XG 的系数显著为正，支持假设 H1a。

其次，重庆市和上海市在 2011 年推出房产税，可能会影响本文的结论，故此处剔除重庆市和上海市的样本，此时的样本量为 9810，再次用模型（1）回归。表 7 列（3）是对应的回归结果，XG 的系数显著为正，支持假设 H1a。

4.3.3　改变企业创新投资变量的度量方式

主回归检验用 RDratio 度量企业创新投资，此处分别用 RDratioLn（李常青等，2018）和 AveR&D（马骏等，2019；Li，2011）度量企业创新投资水平（变量定义见表 2）。表 7 列（4）、列（5）显示，XG 的系数均显著为正，支持假设 H1a。

表7　　　　　　　　　　　　　　　　　　　稳健性检验

方法	（1）	（2）	（3）	（4）	（5）
	PSM-DID	剔除 R&D 均为 0 的样本	剔除实施房产税的城市	改变创新投资的度量方式	
因变量	RDratio			RDratioLn	AveR&D
XG	0.202 ** (2.172)	0.304 *** (3.157)	0.270 *** (3.095)	0.231 *** (3.001)	0.254 *** (3.352)
控制变量	控制	控制	控制	控制	控制
城市/行业/年份	控制	控制	控制	控制	控制
样本量	7284	8826	9810	10844	10844
调整 R^2	0.441	0.469	0.462	0.465	0.329

5. 异质性分析与影响机制检验

5.1　异质性分析

5.1.1　房产限购力度与企业创新投资

各个城市房产限购政策的力度存在差异，有些城市虽然出台了房产限购政策但其限购力度较小，比如允许符合特定条件的外地购房者购房；而有些城市不仅是全市范围限购，还多次出台渐趋严厉的房产限购政策。对此，本文按照城市房产限购政策的不同严厉程度来分析房产限购政策对实体企业创新投资的异质性影响。

表8是不同严厉程度的房产限购政策对企业创新投资影响的回归结果。列（1）的回归样本由限购但不限籍城市与非限购城市实体企业组成，XG 的系数不显著，表明此类房产限购政策并不影响实体企业创新投资。列（2）的回归样本由限购且限籍但仅市区限购的城市与非限购城市实体企业组成，XG 的系数显著为正，表明此类房产限购政策促进实体企业创新投资。列（3）的回归样本由限购限籍且限购范围覆盖全市的城市与非限购城市实体企业组成，XG 的系数显著为正，且系数大小与列（2）相比略有增加，表明此类房产限购政策促进实体企业创新投资。列（4）的回归样本由最为严厉的限购城市（全市限购又限籍且多次出台限购细则）与非限购城市实体企业组成，XG 的系数显著为正，且明显大于列（2）、列（3）中的对应系数，表明此类房产限购政策对实体企业创新投资的促进效应最强。因此，整体而言，城市房产限购政策越严格，该城市实体企业创新投资水平的提升幅度越大。

表 8　　　　　　　　　　　　　　　房产限购力度与企业创新投资

	（1）	（2）	（3）	（4）
	限购不限户籍	限购限户籍	限购限户籍 且全市限购	全市限购又限籍 且多次限购
XG	−0.315 （−1.601）	0.308 *** （3.680）	0.346 *** （3.440）	0.541 *** （4.463）
控制变量	控制	控制	控制	控制
城市/行业/年份	控制	控制	控制	控制
样本量	4293	10363	8095	6957
调整 R^2	0.452	0.459	0.457	0.463

5.1.2　产权性质与企业年龄

已有文献表明，中国信贷市场存在较为严重的所有制歧视问题（潘红波等，2010；Huang，2020），由此导致非国有企业面临更严重的融资约束问题；同时，年轻企业与银行等金融机构之间的联系相对较少、信息不对称问题更为严峻（吴超鹏等，2016；Amore et al.，2013），因而年轻企业通常面临更强的融资约束。正如理论分析部分所述，房产限购政策可能通过信贷资源重配机制引导金融机构将有限的信贷资源流向实体企业，以此缓解实体企业融资约束，进而促进实体企业创新投资。所以本文预期，房产限购政策对实体企业创新投资的促进效应主要体现在融资约束相对较大的非国有企业和年轻企业中。

表 9 是对应的分组回归结果。从中可知，XG 的系数在非国有企业和年轻企业中均显著为正，但在国有企业和年长企业中均不显著。因此，房产限购政策对实体企业创新投资的促进效应主要体现在非国有企业和年轻企业中。

表 9　　　　　　　　　　　　　异质性分析：产权性质与企业年龄

	（1）	（2）	（3）	（4）
分组依据	企业产权性质		企业年龄	
	非国有企业	国有企业	年轻企业	年长企业
XG	0.425 *** （2.778）	−0.014 （−0.158）	0.367 *** （2.887）	0.098 （0.957）
控制变量	控制	控制	控制	控制
城市/行业/年份	控制	控制	控制	控制
样本量	5080	5764	5420	5424
调整 R^2	0.475	0.353	0.507	0.403

注：在按照企业产权性质进行分组回归时，无须再控制 SOE。

5.2　影响机制检验

5.2.1　信贷资源重配机制

上文实证结果显示，房产限购政策能够促进实体企业创新投资。根据理论分析部分，这种促进效应既可能源于投资替代机制，也可能源于信贷资源重配机制。如前文所述，本文的研究样本为实体企业，但实体企业也可能开展"涉房"业务（胡宁等，2019；Rong，2016）。从理论上说，对于"涉房"实体企业，房产限购政策既可能通过投资替代机制促进其创新投资，也可能通过信贷资源重配机制促进其创新投资；但对于"非涉房"实体企业，房产限购政策则主要通过信贷资源重配机制促进其创新投资。原因在于，"非涉房"实体企业从未开展"涉房"业务，也就不存在"涉房"业务挤占其主营业务资金的情况，所以房产限购政策难以通过投资替代机制影响"非涉房"实体企业的创新投资活动。"非涉房"实体企业始终无投资性房地产，自然也不会以投资性房地产作为抵押品进行融资，故对于"非涉房"实体企业，房产限购政策也较难通过降低抵押品价值机制来抑制其创新投资。因此，为检验信贷资源重配机制，本文将样本划分为"非涉房"实体企业组和"涉房"实体企业组（如果在样本期间，实体企业的投资性房地产科目金额始终为 0，则划分为"非涉房"实体企业；反之，则划分为"涉房"实体企业），进行分组回归。表 10 是信贷资源重配机制的检验结果。

表 10 列（1）显示，在"非涉房"企业组中，XG 的回归系数为 0.488，在 1% 的水平下显著，并且该系数远大于全样本（表 4 列（2））下 XG 的回归系数（0.254）。这表明，信贷资源重配机制确实是房产限购政策促进实体企业创新投资的重要机制。

另外，表 10 列（2）显示，在"涉房"实体企业组中，XG 的回归系数不显著。对此，可能的原因是，对于"涉房"实体企业而言，房产限购政策一方面可能会通过投资替代机制及信贷资源重配机制促进其创新投资，另一方面也可能会通过降低抵押品价值机制抑制其创新投资。所以，当"投资替代机制及信贷资源重配机制的促进效应"与"降低抵押品价值机制的抑制效应"旗鼓相当时，房产限购政策将无法对"涉房"实体企业的创新投资活动产生显著的促进效应或抑制效应。

表 10　信贷资源重配机制

	（1）	（2）
	"非涉房"实体企业	"涉房"实体企业
XG	0.488*** （3.746）	−0.010 （−0.095）
控制变量	控制	控制
城市/行业/年份	控制	控制
样本量	5348	5496
调整 R^2	0.503	0.404

注：在以"非涉房"实体企业为样本的回归模型中，FDC 的取值均为 0，故无须控制该变量。下同。

5.2.2　融资约束中介效应检验

上文实证结果表明，房产限购政策对创新投资的促进效应主要体现在"非涉房"实体企业中，验证了房产限购政策的信贷资源重配机制。根据理论分析部分，房产限购政策能引导银行等金融机构将有限的信贷资金流向实体企业、减弱房地产信贷对实体企业信贷的挤占效应，从而缓解实体企业融资约束，进而促进实体企业创新投资。因此，本文基于信贷资源重配视角，采用中介效应模型（毛其淋，2019；温忠麟等，2004）检验房产限购政策、融资约束与企业创新投资之间的关系。参考相关文献（李君平等，2015；屈源育等，2018），本文采用中国版四因子 KZ 指数度量企业的融资约束水平，其中，中国版四因子 KZ 指数＝－3.014×现金÷总资产－4.444×经营现金流÷总资产－62.626×现金股利÷总资产＋0.153×资产负债率，是中国学者根据传统 KZ 指数（Kaplan et al.，1997）构建的符合中国企业的四因子 KZ 指数，值越大表示融资约束程度越大。表 11 报告了中介效应检验结果。

表 11 列（1）的回归结果（与表 4 列（2）一致）显示，房产限购政策促进实体企业创新投资。列（2）是以 KZ 为被解释变量的双重差分模型检验结果，XG 的系数显著为负，说明在控制了其他影响因素之后，房产限购政策显著降低了实体企业的融资约束程度。列（3）是 RDratio 对 XG 及 KZ 的回归结果，KZ 的估计系数显著为负且通过 1% 水平的显著性检验，表明融资约束是阻碍实体企业创新投资的重要因素，这与以往研究（解维敏等，2011；Brown，2012）一致；XG 的估计系数为 0.212，明显小于列（1）中 XG 的估计系数（0.254），这初步表明"融资约束"中介效应存在，并且为部分中介效应。进一步，Sobel 中介效应检验结果显示，"融资约束"中介效应是显著存在的，且为部分中介效应。因此，房产限购政策确实能够通过缓解实体企业融资约束来促进实体企业创新投资。

表 11　　　　　　　中介效应分析：房产限购政策、融资约束与企业创新投资

	（1）	（2）	（3）	（4）	（5）	（6）
	所有实体企业			"非涉房"实体企业		
因变量	RDratio	KZ	RDratio	RDratio	KZ	RDratio
XG	0.254 ***	－0.098 ***	0.212 ***	0.488 ***	－0.203 ***	0.413 ***
	(3.152)	(－3.363)	(2.657)	(3.746)	(－4.503)	(3.215)
KZ			－0.431 ***			－0.372 ***
			(－8.953)			(－5.991)
控制变量	控制	控制	控制	控制	控制	控制
城市/行业/年份	控制	控制	控制	控制	控制	控制
样本量	10844	10844	10844	5348	5348	5348
调整 R^2	0.456	0.420	0.470	0.503	0.462	0.512
Sobel 中介效应检验						
	Coef	Z	p	Coef	Z	p
Sobel	0.042	2.978	0.002	0.076	3.760	0.000

	（1）	（2）	（3）	（4）	（5）	（6）
	所有实体企业			"非涉房"实体企业		
Goodman-1	0.042	2.973	0.002	0.076	3.743	0.000
Goodman-2	0.042	2.984	0.002	0.076	3.776	0.000
Indirect Effect	0.042	2.978	0.002	0.076	3.760	0.000
Direct Effect	0.212	2.484	0.013	0.413	3.068	0.001

　　进一步，如前文所述，投资替代机制和降低抵押品价值机制对"非涉房"实体企业的影响较小，因而可以通过对"非涉房"实体企业样本进行回归来更好地分析信贷资源重配机制是否存在。表 11 列（4）至列（6）是以"非涉房"实体企业为样本的中介效应检验结果。从中可知，房产限购政策能够通过缓解"非涉房"实体企业融资约束来促进"非涉房"实体企业创新投资。该结果再次表明，信贷资源重配是房产限购政策促进实体企业创新投资的重要机制。

6. 研究结论与政策建议

　　本文基于信贷资源重配视角，以中国部分城市在 2010—2011 年期间颁布的房产限购政策为准自然实验，采用双重差分模型分析房产限购政策对实体企业创新投资的影响及影响机理。研究发现：（1）城市房产限购政策有效提升了限购城市实体企业的创新投资水平，且该促进效应在房产限购政策较严格的地区更强；（2）当实体企业为非国有企业或较年轻时，房产限购政策对创新投资的促进效应更强；（3）房产限购政策对创新投资的促进效应主要体现在"非涉房"实体企业中，即信贷资源重配是房产限购政策促进实体企业创新投资的重要机制；（4）房产限购政策能够通过缓解实体企业融资约束来促进实体企业创新投资。与既有文献相比，本文从信贷资源重配视角为"房产限购政策缓解实体企业融资约束进而促进实体企业创新投资"提供了理论支持和实证证据，深化了对房产限购政策相关经济后果的认识，扩展了企业创新投资的影响因素研究。

　　为促进微观实体企业创新投资、维护宏观经济健康发展，本文提出以下建议：

　　第一，金融机构应当坚守其服务实体经济的本分，积极调整、优化信贷结构，减少房地产信贷对实体经济信贷的挤占，力争将有限的信贷资源流向实体经济，以此缓解实体企业融资约束、促进实体企业创新投资，进而助力中国创新驱动发展战略和科技强国战略的进一步实施。

　　第二，国务院、自然资源部、住房和城乡建设部等相关部门应当继续加强对房产限购政策的实施，坚持"房子是用来住的、不是用来炒的"定位，以此缩小房价涨幅，助力房地产市场的健康发展。

　　第三，银保监会等相关部门应当继续加强对"经营用途贷款违规流入房地产"问题的排查，以此减少房地产市场对实体经济信贷资源的挤占，助力实体经济的健康发展。

◎ 参考文献

[1] 安磊，沈悦，徐妍. 房价上涨如何影响实体企业债务融资——兼论房地产调控政策的实施效果 [J]. 当代经济科学，2018，40（5）.

[2] 白仲林，孙艳华，高泽铭. 商品房限购政策的实体经济发展效应研究 [J]. 统计研究，2019，36（11）.

[3] 邓柏峻，李仲飞，张浩. 限购政策对房价的调控有效吗 [J]. 统计研究，2014，31（11）.

[4] 胡宁，王雪方，孙莲珂等. 房产限购政策有助于实体企业"脱虚返实"吗——基于双重差分研究设计 [J]. 南开管理评论，2019，22（4）.

[5] 黄彦彦，李雪松. 涉房决策与中国制造业企业研发投入 [J]. 财贸经济，2017，38（8）.

[6] 解维敏，方红星. 金融发展、融资约束与企业研发投入 [J]. 金融研究，2011（5）.

[7] 李常青，李宇坤，李茂良. 控股股东股权质押与企业创新投入 [J]. 金融研究，2018（7）.

[8] 李君平，徐龙炳. 资本市场错误定价、融资约束与公司融资方式选择 [J]. 金融研究，2015（12）.

[9] 李姝，杜亚光，张晓哲. 同行MD&A语调对企业创新投资的溢出效应 [J]. 中国工业经济，2021（3）.

[10] 李小青，贾岩冰，陈阳阳."混改"国企股权结构、董事会配置与创新绩效 [J]. 科技进步与对策，2020，37（12）.

[11] 李迎星，田露，杨梦. 限购政策是否降低房地产价格增速？[J]. 系统工程理论与实践，2019，39（4）.

[12] 李增刚，杜舒康. 房股联动影响固定资产投资吗？——来自中国资产市场的经验证据 [J]. 济南大学学报（社会科学版），2021，31（4）.

[13] 刘建江，石大千. 高房价对企业创新的影响：是挤出还是挤入？——基于双边随机前沿模型的测算 [J]. 中国软科学，2019（9）.

[14] 刘璐. 限贷和限购政策对一般均衡中房价的影响 [J]. 管理科学学报，2013，16（9）.

[15] 刘瑞明，毛宇，亢延锟. 制度松绑、市场活力激发与旅游经济发展——来自中国文化体制改革的证据 [J]. 经济研究，2020，55（1）.

[16] 刘晔，张训常，蓝晓燕. 国有企业混合所有制改革对全要素生产率的影响——基于PSM-DID方法的实证研究 [J]. 财政研究，2016（10）.

[17] 马骏，罗衡军，肖宵. 私营企业家地位感知与企业创新投入 [J]. 南开管理评论，2019，22（2）.

[18] 毛其淋. 外资进入自由化如何影响了中国本土企业创新？[J]. 金融研究，2019（1）.

[19] 潘爱民，余博. 房价高企对我国制造业出口的影响研究 [J]. 江淮论坛，2021（4）.

[20] 潘红波，余明桂. 政治关系、控股股东利益输送与民营企业绩效 [J]. 南开管理评论，2010，13（4）.

[21] 屈源育，吴卫星，沈涛. IPO还是借壳：什么影响了中国企业的上市选择？[J]. 管理世界，2018，34（9）.

[22] 权小锋，尹洪英. 中国式卖空机制与公司创新——基于融资融券分步扩容的自然实验 [J]. 管理世界，2017（1）.

[23] 王芳，姚玲珍. 高房价会抑制私营企业的投资规模吗？[J]. 财经研究，2018，44（8）.

[24] 王娟，任小静. 基础研究与工业全要素生产率提升——任正非之问的实证检验 [J]. 现代财经

（天津财经大学学报），2020，40（6）．

[25] 温忠麟，张雷，侯杰泰等．中介效应检验程序及其应用 [J]．心理学报，2004（5）．

[26] 吴超鹏，唐菂．知识产权保护执法力度、技术创新与企业绩效——来自中国上市公司的证据 [J]．经济研究，2016，51（11）．

[27] 许桂华，谭春枝．房价上涨会抬高实体企业债务融资成本吗？——基于实体与非实体企业信贷配置的视角 [J]．投资研究，2019，38（8）．

[28] 张杰，杨连星，新夫．房地产阻碍了中国创新么？——基于金融体系贷款期限结构的解释 [J]．管理世界，2016（5）．

[29] 张杰，郑文平．创新追赶战略抑制了中国专利质量么？ [J]．经济研究，2018，53（5）．

[30] 张晓磊，徐林萍．房价上涨与中小微企业融资成本——基于江苏省中小微企业调研数据的实证 [J]．中国软科学，2020（4）．

[31] 张璇，刘贝贝，汪婷等．信贷寻租、融资约束与企业创新 [J]．经济研究，2017，52（5）．

[32] 郑世林，韩高峰，石光．房地产限购对公司违约风险的影响 [J]．世界经济，2016，39（10）．

[33] Amore, M. D., Schneider, C., Zaldokas, A. Credit supply and corporate innovation [J]. Journal of Financial Economics, 2013, 109 (3).

[34] Brav, A., Jiang, W., Ma, S., et al. How does hedge fund activism reshape corporate innovation? [J]. Journal of Financial Economics, 2018, 130 (2).

[35] Brown, J. R., Martinsson, G., Petersen, B. C. Do financing constraints matter for R&D? [J]. European Economic Review, 2012, 56 (8).

[36] Chakraborty, I., Goldstein, I., Mackinlay, A. Housing price booms and crowding-out effects in bank lending [J]. The Review of Financial Studies, 2018, 31 (7).

[37] Cvijanović, D. Real estate prices and firm capital structure [J]. The Review of Financial Studies, 2014, 27 (9).

[38] Fang, L. H., Lerner, J., Wu, C. Intellectual property rights protection, ownership, and innovation：Evidence from China [J]. The Review of Financial Studies, 2017, 30 (7).

[39] Gan, J. Collateral debt capacity and corporate investment：Evidence from a natural experiment [J]. Journal of Financial Economics, 2007, 85 (3).

[40] Grieser, W., Liu, Z. Corporate investment and innovation in the presence of competitor constraints [J]. The Review of Financial Studies, 2019, 32 (11).

[41] Huang, Y., Pagano, M., Panizza, U. Local crowding-out in China [J]. The Journal of Finance, 2020, 75 (6).

[42] Kaplan, S. N., Zingales, L. Do investment-cash flow sensitivities provide useful measures of financing constraints? [J]. The Quarterly Journal of Economics, 1997, 112 (1).

[43] Li, D. Financial constraints, R&D investment, and stock returns [J]. The Review of Financial Studies, 2011, 24 (9).

[44] Lin, C., Lin, P., Song, F. Property rights protection and corporate R&D：Evidence from China [J].

Journal of Development Economics, 2010, 93 (1).

［45］ Lu, B., Tan, X., Zhang, J. The crowding out effect of booming real estate markets on corporate TFP: Evidence from China ［J］. Accounting and Finance, 2019, 58 (5).

［46］ Martin, A., Moral-Benito, E., Schmitz, T. The financial transmission of housing booms: Evidence from Spain ［J］. The American Economic Review, 2019, 111 (3).

［47］ Rong, Z., Wang, W., Gong, Q. Housing price appreciation, investment opportunity, and firm innovation: Evidence from China ［J］. Journal of Housing Economics, 2016, 33.

Housing Purchase Restriction and Corporate Innovation Investment: A Study Based on the Perspective of Credit Resource Reallocation

Pan Hongbo[1]　Yang Haixia[2]　Xu Yalu[3]

(1, 2, 3　Economics and Management School, Wuhan University, Wuhan, 430072)

Abstract: In the current context of the Innovation-Driven Development Strategy and the Science and Technology Strategy, it is of distinct practical significance to actively guide credit funds into real enterprises to promote corporate innovation investment, and thus to enhance the strength of China's science and technology innovation and achieve technological self-reliance and self-improvement. For stopping the rapid growth of urban housing prices, 46 cities of China issued the housing purchase restriction policy during the periods of 2010 and 2011. This paper takes the housing purchase restriction policy issued by 46 cities in China as a quasi-natural experiment to test the effect of the housing purchase restriction policy on corporate innovation investment. Using the difference in difference design, our results indicate that: First, the housing purchase restriction policy can encourage enterprises to enhance their innovation investment levels. Second, the impact of housing purchase restriction policy on corporate innovation investment are more significant in regions with stricter purchase restrictions. Third, the impact of housing purchase restriction policy on corporate innovation investment mainly appears in non-state-owned enterprises and younger enterprises, both of which usually have stronger financial constraints. In addition, the test of intermediary effect shows that the relief of financial constraints plays a part of intermediary role between housing purchase restriction policy and the improvement of corporate innovation investment, which support the hypothesis that housing purchase restriction policy could result in reallocation of credit resource and thus improve corporate innovation investment. This study not only enriches the literature on the economic consequences of housing purchase restriction policy, but also provides theoretical supports and practical suggestions for the implement of Innovation-Driven Development Strategy.

Key words: Housing purchase restriction; Innovation investment; Credit resource reallocation; Financial constraints

责任编辑：路小静

线上零售商的全渠道退货策略研究[*]

● 杨　磊¹　梁瑞昕²　郑　聪³　郑苏峰⁴

（1，2，3　华南理工大学电子商务系　广州　510006；4　广州城市理工学院管理学院　广州　510006）

【摘　要】针对线上零售商退货率较高的问题，为优化消费者退货体验、提高零售商利润，对线上零售商的退货策略进行研究。基于全渠道视角，构建了三种全渠道退货策略模型，即线上购买线下退货策略、建立展厅策略和线上购买线下取货退货策略，探讨不同退货策略对线上零售商的影响，通过策略对比和数值分析为其在不同情境下的全渠道退货策略选择提供依据。研究表明：全渠道退货策略对零售商并不总是有利的，只有当消费者的线上退货麻烦成本较高时，全渠道退货策略才可以带来更多收益。零售商的最佳策略选择与线上退货麻烦成本和交叉销售利润有关，当交叉销售利润中等或较高时，线上购买线下退货策略对零售商是最有利的；当交叉销售收益较低时，建立展厅策略则使零售商更加有利可图。此外，线上购买线下退货策略下的市场需求、退货量和零售商利润均高于线上购买线下取货退货策略。

【关键词】全渠道　消费者退货　线上购买线下退货　建立展厅　线上购买线下取货退货

　　中图分类号：F224　　　　　文献标识码：A

1. 引言

　　在过去的 20 年内，电商行业不断发展和成熟，到 2020 年底，中国网络购物用户规模达 7.82 亿，网络购物市场的年销售额达到 10.8 万亿元，占社会总销售额的 21.9%①。然而，网络购物规模的大幅增长也为线上零售商带来一系列挑战。消费者在购买前无法检查和精确评估产品（Nageswaran et

---

　　* 基金项目：国家自然科学基金项目"数字化闭环供应链中的产品质量和定价决策研究"（72071081）；广东省自然科学基金项目"基于碳减排机制的再制造供应链数据驱动决策研究"（2019A1515010792）。

　　通讯作者：郑聪，E-mail：202020151272@ mail. scut. edu. cn。

　　① 中商情报网. 2021 年中国网络购物发展现状分析：仍具有较大的市场潜力［EB/OL］. https：//baijiahao.baidu. com/s？ id=1699540306279770492&wfr=spider&for=pc，2021-05-12.

al., 2020)，只有在收到产品后才能确定产品匹配度，这导致大量消费者退回不匹配或不满足他们预期的产品。据美国零售联合会(NFR)公布的数据，2020 年电商退货的支出为 4280 亿美元，许多品牌的退货率比前一年上升了 23%①。一般而言，网络购物的退货率在 15%～40%，而时装行业处于退货率区间的较高一端，消费者退回网络购买的服装和鞋类的概率平均为 30%～40%②。对线上零售商尤其是时装零售商来说，较高的退货率使其承担了巨大的声誉成本，同时，30%左右的退货处理成本也严重损害了可得利润。另外，退货也日渐成为消费者的关注重点，Ware2Go 的研究显示 61%的消费者认为快捷的退货策略非常重要③。因此，采取行之有效、便捷迅速的退货管理策略已经成为线上零售商的当务之急。

实际上，越来越多的线上零售商开始通过全渠道推动退货策略的升级和实施(Jin et al., 2020)。常见的全渠道退货策略主要有三种：线上购买线下退货(Buy Online and Return in Store，BORS)、建立展厅(Showroom)和线上购买线下取货退货(Buy Online, Pick up and Return in Store，BOPRS)。在 BORS 策略下，零售商开设实体店铺，并允许消费者将不合适的商品退回其商店，降低了零售商的退货处理成本。沃尔玛推出移动快速退货计划，消费者可以在手机应用程序中确认退货后前往商店客户服务中心，通过专设的退货通道完成退货④。互联网眼镜品牌 Warby Parker 开设实体店与其线上平台进行互补，消费者在线上购买的产品可以去实体店退货⑤。此外，宜家、苹果、亚马逊等零售商也为消费者提供 BORS 服务以优化他们的退货体验。在建立展厅策略下，零售商在现有的线上渠道之外建立实体展厅，消费者可以通过浏览和体验产品收集足够的信息，进而决定是否购买产品，这会帮助零售商减少产品的退货量。Warby Parker 在早期开设小型展厅为消费者提供试戴服务，从而增进其服务质量和便利程度⑥。男装品牌 Bonobos 也通过展厅展示公司在线上销售的各种产品，让消费者试穿各类服装后到线上渠道订购，并提供送货上门服务⑦。在 BOPRS 策略下，零售商建立实体店，消费者可在线上购买产品后前往实体店取货，若产品不合适则可直接在店内进行退货，从而减少其退货的麻烦成本。优衣库为线上下单门店自提的消费者提供退换货服务，消费者只需将符合无理由退货要求的商品在原自提门店进行退货即可⑧。与此类似，在迪卡侬网店购买产品的消费者也可以

①　腾讯网. 电子商务退货的未来之路[EB/OL]. https://new.qq.com/omn/20210901/ 20210901A0527800.html, 2021-09-01.

②　启迈 QIMA. 白皮书 ｜全渠道零售与其面临的产品质量问题[EB/OL]. https:// www.cifnews.com/article/84870, 2020-12-09.

③　雨果跨境. 全球电商退货支出达 6040 亿美元, 72%的卖家已开始这么做[EB/OL]. https://www.sohu.com/a/490447717_115514, 2021-09-17.

④　亚特兰大华人资讯. 沃尔玛推新招 让退货经历"有点愉快"[EB/OL]. https:// www.sohu.com/a/197331312_780462, 2017-10-10.

⑤　中国连锁经营协会. 靠卖"白菜价"眼镜, Warby Park 如何成就美国零售传奇？[EB/OL]. https://www.sohu.com/a/221703719_170950, 2018-02-08.

⑥　好奇心日报. 互联网眼镜品牌 WarbyParker 要开更多实体店, 搞什么？[EB/OL]. https://baijiahao.baidu.com/s? id=1557479051360862&wfr=spider&for=pc, 2017-01-25.

⑦　华丽志. 传统时尚品牌都在关店, 这两个互联网时尚先锋(Warby Parker 和 Bonobos)却憋足了劲要开更多地面店[EB/OL]. https://www.sohu.com/a/117057679_487885, 2016-10-24.

⑧　优衣库. 优衣库网络旗舰店 30 天无理由退换货指南[EB/OL]. https:// www.uniqlo.cn/returns.html.

享受到门店自提和退换的便捷退换货服务①。由此，在三种全渠道退货策略中选择最合适以及最优的策略对线上零售商而言是尤为重要的。

本文相关的研究主要分为全渠道零售和消费者退货两个方面。自从 Rigby(2011)提出全渠道零售的概念后，全渠道零售在学术界受到了广泛关注。Gao 和 Su(2017a)针对收集产品匹配性和可用性信息的全渠道消费者，研究三种不同的信息机制即实体展厅、虚拟展厅和可用性信息披露对他们进行战略决策的影响。Park 等(2021)研究一种混合整数规划公式以最大限度地提高零售店的预期客户展示效用，同时根据从 17 家经销商处获得的数据进行全面的案例研究。Gallino 和 Moreno(2014)发现线上购买线下取货(BOPS)策略可以增加实体店的销售，这是因为使用 BOPS 服务的消费者会在实体店购买额外产品从而产生交叉销售效应。而 Gao 和 Su(2017b)的研究表明并非所有的产品都适合线下取货，消费者从线上渠道转移到线下渠道的行为可能会降低零售商的利润率。Kumar 等(2019)探讨建立新的实体店如何影响现有线上渠道的需求和零售商利润，通过分析一家服装零售商的数据，发现这种策略确实会促进线上销售以及零售商利润的增加。Bell 等(2018)使用线上眼镜零售商 Warby Parker 的数据，得出建立展厅可以通过增加消费者在渠道间的转移和减少退货来提高整体运营效率的结果。郎骁和邵晓峰(2020)在单渠道模型的基础上，拓展出消费者为产品导向型和渠道导向型的两种全渠道情境。借鉴上述文献对全渠道特征的建模，本文刻画了全渠道背景下线上零售商的退货渠道策略。不同的是，本文建立了三种不同的退货渠道模型，并通过策略间的比较分析为线上零售商提供决策支持。

目前关于退货策略的文献主要集中在单渠道供应链和双渠道供应链(Hsiao & Chen，2014；Chen & Chen，2017；申成霖等，2010；Li et al.，2019；张学龙等，2018)中的同渠道退货情形，即消费者只能将产品通过原购买渠道退回。随着全渠道零售的推进，部分学者对全渠道退货策略展开了研究。刘金荣和徐琪(2019)的研究表明开设展厅可同时降低线上零售商的总退货率和退货量。Mandal 等(2021)从价值和标准化两方面对产品进行分类，并建立 Showroom 和 BORS 模型，根据产品属性推荐最佳的全渠道策略。刘会新和黄艳丹(2021)对比分析 BOPS 策略和 BOPRS 策略，发现 BOPRS 策略更能增加零售商的利润。陈飔佳和官振中(2021)探讨消费者失望厌恶对全渠道零售商的影响，结果表明只有当消费者失望厌恶程度较高时，零售商才会实施全渠道退货策略。Nageswaran 等(2020)在全渠道背景下分析了零售商的全额退款和部分退款的退货策略。Jin 等(2020)从竞争的角度研究了 BORS 策略。与本文最相关的是 Mandal 等(2021)的研究，但本文构建线上零售商的三种全渠道退货策略模型，并考虑零售商在实体店内的服务水平以及交叉销售收益，旨在为零售商推荐不同情境下的最佳全渠道退货策略。

综合以上分析，本文针对线上零售商提出三种全渠道退货策略：BORS 策略、Showroom 策略和 BOPRS 策略，探讨不同退货策略对线上零售商的影响，并通过对比分析为线上零售商在不同情境下的策略选择及定价决策提供依据。

---

① 迪卡侬. 关于退换货[EB/OL]. https://www.decathlon.com.cn/zh/help/articles/_/R-a- return-exchange.

2. 问题描述与参数假设

本文考虑一个仅通过线上渠道销售的零售商。线上购买的消费者无法亲身体验和检查商品，具有较高的价值不确定性，导致产品的退货率较高。为了消除消费者的不确定性，零售商实施全渠道策略以提供便捷的退货服务，同时达到减少退货率和降低退货损失的目的。零售商有三种选择：提供 BORS 策略允许消费者退货到实体店；建立展厅帮助消费者在购买前体验产品；提供 BOPRS 策略允许消费者在实体店内取货，并且当消费者对产品不满意时可直接在实体店内完成退货。

2.1 模型参数

模型的具体参数设置如表 1 所示。上标 $j = (I, II, III, IV)$ 分别代表基础情境、BORS 策略、Showroom 策略和 BOPRS 策略，下标 $i = (e, r, BORS, S, BOPRS)$ 分别代表线上购买线上退货渠道、线下渠道、BORS 渠道、Showroom 渠道和 BOPRS 渠道。

表 1 模型参数说明

模型参数	说 明	模型参数	说 明
v	消费者从产品中获得的估值	l	零售商在实体店内的销售努力水平
t	消费者满意度	F_1	零售商建立实体店的成本
r	单位交叉销售利润	F_2	零售商建立展厅的成本
h_s	消费者前往实体店的麻烦成本	p^j	零售商在模型 j 中的单位销售价格
h_r	消费者通过线上渠道退货时的麻烦成本	U_i^j	消费者在模型 j 中渠道 i 所获得的效用
c	单位产品的采购成本	D_i^j	零售商在模型 j 中渠道 i 的市场需求
s	单位产品的残值	R_i^j	零售商在模型 j 中渠道 i 的退货量
μ	消费者对销售努力的敏感程度	π^j	零售商在模型 j 中获得的利润

2.2 模型假设

（1）零售商的价格 p、单位采购成本 c 以及产品残值 s 三者的关系为：$p > c > s > 0$。

（2）退货行为只发生在线上渠道。实际生活中线上渠道的退货率要远高于线下渠道，而实体店内一般不提供退货服务，因此本文只考虑零售商为线上渠道的消费者提供退货选项。

（3）假设交叉销售利润 $r > \dfrac{(1-t)h_r + \mu l}{2(1-t)}$，并且零售商的单位采购成本的范围为 $c \in ((1-t)$

$(h_r + s) - t$，$(h_r - s)(t - 1) + t)$，即只有采购成本处于零售商可以承担的正常区间内，零售商才可以获取利润。此外，当交叉销售利润较高时，零售商才会选择实施全渠道退货策略。

　　本文通过构建消费者效用函数模型刻画消费者的购买及退货行为，探讨零售商的最优退货策略选择。消费者首先选择购买渠道，当选择在线下购买时，若对产品不满意则直接放弃购买；当选择在线上购买时，收到产品后则要决定是否保留产品。文章用参数 t 表示消费者对产品的满意度，即有 $1 - t$ 比例的消费者会选择退货。消费者满意度是产品退货率的一种间接表现，消费者对产品的不满意程度较高意味着退货率较高。对于线上零售商而言，其产品的一大特征为高退货率。因此，文章对消费者满意度 t 的讨论也是对线上零售产品高退货率特征的一种侧面探讨。若消费者选择退货，在零售商未实施全渠道退货策略时，只能通过线上渠道退回产品，此时需承担麻烦成本 h_r；在零售商实施全渠道退货策略时，则可选择承担 h_s 的麻烦成本前往实体店退货。麻烦成本 h_r 和 h_s 中包含了退货所消耗的时间、精力和额外费用等，城市大小、发展水平和交通设施便利程度等地域因素都会影响消费者的麻烦成本，进而影响消费者效用，最终影响零售商的退货策略选择。

3. 模型构建

3.1 基础情境

　　在基础情境中，零售商未实施全渠道退货策略，此时仅通过线上渠道销售产品，需要退货的消费者也只能通过线上渠道将产品退回。消费者获得的效用由估值 v、产品价格 p 和线上退货麻烦成本 h_r 决定，对产品满意的消费者获得效用 $t(v - p)$，而对产品不满意的消费者的效用为 $(1 - t)h_r$，则基础情境下的消费者效用为：

$$U^I = t(v - p) - (1 - t)h_r$$

此时消费者的购买决策如图 1 所示：

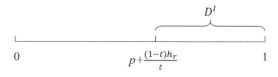

图 1　基础情境下的需求分布

　　需求为 $D^I = 1 - p - \dfrac{(1 - t)h_r}{t}$，退货量为 $R^I = (1 - t)D^I = (1 - t)\left(1 - p - \dfrac{(1 - t)h_r}{t}\right)$，因此零售商的利润函数为 $\pi^I = (p - c)D^I + R^I(s - p)$，即：

$$\pi^I = (p - c)\left(1 - p - \frac{(1 - t)h_r}{t}\right) + (1 - t)\left(1 - p - \frac{(1 - t)h_r}{t}\right)(s - p)$$

对该利润函数中的价格 p 求一阶偏导得到 $\frac{\partial \pi^I}{\partial p} = (-2p + s + h_r + 1)t + c - s - h_r$，求二阶偏导可得 $\frac{\partial^2 \pi^I}{\partial p^2} = -2t < 0$。令 $\frac{\partial \pi^I}{\partial p} = 0$ 求得零售商的定价决策和市场需求，见定理 1。

定理 1　在零售商仅通过线上渠道销售产品的情形下，零售商的最优定价和市场需求为：

$$p^I = \frac{(h_r + s)(t - 1) + c + t}{2t} \qquad D^I = \frac{(h_r - s)(t - 1) - c + t}{2t}$$

3.2　BORS 策略

当零售商为消费者提供 BORS 服务时，线上购买的消费者可以灵活地将不合适的产品退还到零售商的实体店，而无须支付任何费用（补货费或运输费）。许多零售商，例如亚马逊和苹果公司，都已经采用了这种策略来减轻客户的退货风险，同时借助跨渠道退货策略为实体店带来额外的交叉销售收益。

此时模型中存在三类消费者，即线上购买线上退货渠道的消费者、线下渠道消费者以及线上购买后退货至实体店（BORS）渠道的消费者。对于最后一类消费者来说，他先在线上渠道完成购买，如果喜欢该产品，则以概率 t 得到效用 $v - p$；如果他不喜欢该产品，则将产品退回至实体店，将会产生线下麻烦成本 h_s，概率为 $1 - t$。同时，当零售商开设实体店时，店内导购等良好的销售服务也会影响消费者效用，甚至在消费者退货至实体店时为零售商带来额外的收益。假设 l 为实体店内的零售商服务水平，μ 为消费者对服务水平的敏感系数。因此，线上购买线上退货渠道消费者、线下渠道消费者以及 BORS 渠道消费者的预期效用分别为：

$$U_e^{II} = t(v - p) - (1 - t)h_r$$
$$U_r^{II} = t(v - p) - h_s + \mu l$$
$$U_{BORS}^{II} = t(v - p) - (1 - t)h_s + \mu l$$

消费者通过比较线上购买线上退货渠道、线下实体店渠道和 BORS 渠道所得效用大小 $\max\{U_e^{II}, U_r^{II}, U_{BORS}^{II}\}$ 决定在哪个渠道进行购买。根据上述三个渠道的消费者效用函数，如果 $U_e^{II} \geq 0 \left(v \geq p + \frac{(1 - t)h_r}{t} \right)$，则消费者将选择线上购买线上退货渠道；否则，他们不会进行购买。如果 $U_r^{II} \geq 0 (h_s \leq t(v - p) + \mu l)$，消费者将从线下实体店渠道购买；否则，他们不会购买。同样，如果 $U_{BORS}^{II} \geq 0 \left(h_s \leq \frac{t(v - p) + \mu l}{1 - t} \right)$，消费者将从线下实体店渠道购买；否则，他们不会购买。通过比较 U_{BORS}^{II} 和 U_r^{II} 可以发现，零售商提供的 BORS 服务显著提升了消费者效用，此时仅有 $1 - t$ 概率的对产品不满意的消费者前往实体店退货。因此，当零售商提供 BORS 服务时，消费者将不再选择实体店渠道，而是在线上购买线上退货渠道和 BORS 渠道之间进行选择。$U_{BORS}^{II} > U_e^{II}$ 时，消费者将从 BORS 渠道购买；否则，他们将选择线上购买线上退货渠道。BORS 退货策略下的消费者效用如图 2 所示。

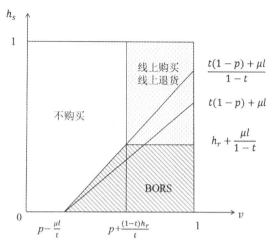

图 2　BORS 策略下的需求分布

根据图 2，计算 U_e^{II} 和 U_{BORS}^{II} 的面积，得出零售商实施 BORS 退货策略时线上购买线上退货渠道消费者需求 D_e^{II} 和 BORS 渠道消费者需求 D_{BORS}^{II} 分别为：

$$D_e^{II} = \left(1 - p - \frac{(1-t)h_r}{t}\right)\left(1 - h_r - \frac{\mu l}{1-t}\right)$$

$$D_{\mathrm{BORS}}^{II} = (1-p)\frac{(1-t)h_r + \mu l}{1-t} - \frac{(1-t)^2 h_r^2 - \mu^2 l^2}{2t(1-t)}$$

因此，零售商的总需求为 $D^{II} = D_e^{II} + D_{\mathrm{BORS}}^{II}$。线上购买线上退货渠道和 BORS 渠道的退货量分别为 $(1-t)D_e^{II}$ 和 $(1-t)D_{\mathrm{BORS}}^{II}$，即：

$$R_e^{II} = (1-t)\left(1 - p - \frac{(1-t)h_r}{t}\right)\left(1 - h_r - \frac{\mu l}{1-t}\right)$$

$$R_{\mathrm{BORS}}^{II} = (1-p)((1-t)h_r + \mu l) - \frac{(1-t)^2 h_r^2 - \mu^2 l^2}{2t}$$

基于产品需求量和退货量，零售商的利润函数为：

$$\pi^{II} = (p-c)D^{II} + (R_e^{II} + R_{\mathrm{BORS}}^{II})(s-p) + R_{\mathrm{BORS}}^{II}r - F_1$$

零售商的利润由四部分组成：一是从产品销售中获得的利润，零售商销售每单位产品获得 $p-c$ 的利润，其中 p 为零售价格，c 为单位采购成本，则这部分利润为 $(p-c)D^{II}$。二是零售商在消费者退货中的损失，顾客每退回一单位产品，零售商获得产品残值 s，则损失为 $(R_e^{II} + R_{\mathrm{BORS}}^{II})(s-p)$。三是选择 BORS 渠道退货至实体店的消费者带来的额外收益 $R_{\mathrm{BORS}}^{II}r$。四是零售商建立实体店所花费的成本 F_1。

定理 2　在零售商实施 BORS 退货策略的情形下，零售商的最优定价和市场需求为：

$$p^{II} = \frac{(1-t)(h_r^2 - 2(r+1)h_r - 2s) + 2t + 2\mu lh_r - 2\mu rl + 2c}{4t} + \frac{\mu^2 l^2}{4t(1-t)}$$

$$D^{II} = \frac{(1-t)(h_r^2 + 2(r-1)h_r + 2s) + 2(\mu lh_r + \mu rl + t - c)}{4t} + \frac{\mu^2 l^2}{4t(1-t)}$$

证明：将线上购买线上退货渠道需求 D_e^{II} 和 BORS 渠道需求 D_{BORS}^{II} 代入零售商总需求函数，可得

到零售商需求为 $D^{II} = \dfrac{(1-t)h_r^2 - 2pt - 2(1-t)h_r + 2t + 2\mu l h_r}{2t} + \dfrac{\mu^2 l^2}{2t(1-t)}$，将其代入零售商利润函

数后对价格 p 求一阶偏导为 $\dfrac{\partial \pi^{II}}{\partial p} = \dfrac{(1-t)(h_r^2 - 2(r+1)h_r - 2s) - 4pt + 2t + 2\mu l h_r - 2\mu r l + 2c}{2}$ +

$\dfrac{\mu^2 l^2}{2(1-t)}$，对价格 p 求二阶偏导为 $\dfrac{\partial^2 \pi^{II}}{\partial p^2} = -2t < 0$。令 $\dfrac{\partial \pi^{II}}{\partial p} = 0$ 得到 $p^{II} = \dfrac{\mu^2 l^2}{4t(1-t)}$ +

$\dfrac{(1-t)(h_r^2 - 2(r+1)h_r - 2s) + 2t + 2\mu l h_r - 2\mu r l + 2c}{4t}$，代入市场总需求函数可得 $D^{II} =$

$\dfrac{(1-t)(h_r^2 + 2(r-1)h_r + 2s) + 2(\mu l h_r + \mu r l + t - c)}{4t} + \dfrac{\mu^2 l^2}{4t(1-t)}$。

3.3　Showroom 策略

零售商建立展厅后，消费者可以前往展厅检查和体验产品，进而决定是否购买产品。对于消费者而言，展厅仅是便于他们近距离感受产品的体验店，并不具有销售产品的功能。体验之后对产品满意的消费者将转移至线上渠道进行购买，而不满意的消费者则会放弃。这也减少了消费者的退货行为，从而为零售商降低了由于顾客满意度不确定性导致的大量退货的风险。

此时，选择线上购买线上退货渠道的消费者的效用函数保持不变，而选择先去展厅体验产品的消费者则产生麻烦成本 h_s。其中概率为 $1-t$ 的不满意的消费者获得效用为 0，概率为 t 的满意的消费者还会产生在线上渠道购买产品时的麻烦成本 h_e。因此，选择线上购买线上退货渠道和先去展厅体验产品后再购买产品的顾客获得的效用分别为：

$$U_e^{III} = t(v-p) - (1-t)h_r \qquad U_S^{III} = t(v-p) - h_s$$

消费者通过比较两种渠道所得效用大小 $\max\{U_e^{III}, U_S^{III}\}$ 做出决定。根据上述两个渠道的消费者效用函数，如果 $U_e^{III} \geqslant 0\left(v \geqslant p + \dfrac{(1-t)h_r}{t}\right)$，则消费者将从线上购买线上退货渠道购买；否则，他们不会购买（在图 3 中表示为"不购买"）。同样，如果 $U_S^{III} \geqslant 0\left(v \geqslant \dfrac{h_s}{t} + p\right)$，消费者将从线下实体店渠道购买；否则，他们不会购买。如果 $U_e^{III} > U_S^{III}(h_s > (1-t)h_r)$，消费者将从线上购买线上退货渠道购买；否则，他们将从线下实体店渠道购买。零售商建立展厅时的消费者效用如图 3 所示。

由此，我们可以得到零售商建立展厅时线上购买线上退货渠道的消费者需求 D_e^{III} 和在展厅体验产品后再购买产品的消费者需求 D_S^{III} 分别为：

$$D_e^{III} = \left(1 - p - \frac{(1-t)h_r}{t}\right)(1 - (1-t)h_r)$$

$$D_S^{III} = (1-p)(1-t)h_r - \frac{(1-t)^2 h_r^2}{2t}$$

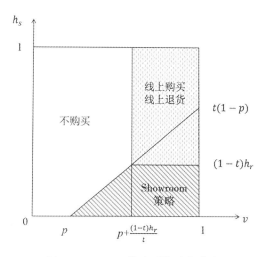

图 3　Showroom 策略下的需求分布

零售商的总需求为 $D^{III} = D_e^{III} + D_S^{III}$。线上购买线上退货渠道的退货量为 $(1 - t)D_e^{III}$，即：

$$R_e^{III} = (1 - t)\left(1 - p - \frac{(1 - t)h_r}{t}\right)(1 - (1 - t)h_r)$$

此时，零售商的利润由销售利润除去退货损失以及展厅的建造成本后得到，则零售商的利润函数为：

$$\pi^{III} = (p - c)D^{III} + R_e^{III}(s - p) - F_2$$

定理 3　在零售商建立展厅的情形下，零售商的最优定价和市场需求为：

$$p^{III} = \frac{h_r^2 (t - 1)^2(2t - 1) + 2th_r(t - 1)(s(t - 1) + t) + 2t(s(t - 1) + t + c)}{4t((t - 1)^2 h_r + t)}$$

$$D^{III} = \frac{2((t-1)^2 h_r + t(h_r^2(t-1)^2 + 2th_r - 2h_r + 2t) - h_r^2(t-1)^2(2t-1) - 2th_r(t-1)(s(t-1) + t) - 2t(s(t-1) + t + c)}{4t((t-1)^2 h_r + t)}$$

3.4　BOPRS 策略

零售商实施 BOPRS 策略后，消费者可以在线上渠道购买产品后，前往实体店完成取货、退货操作，此时消费者不用再承受退货风险，而零售商也可以从到店取货退货的消费者处获得交叉销售收益。和 BORS 策略不同的是，选择 BOPRS 渠道的消费者都要产生线下麻烦成本 h_s。因此，线上购买线上退货渠道、线下渠道以及 BOPRS 渠道的消费者的预期效用分别为：

$$U_e^{IV} = t(v - p) - (1 - t)h_r$$

$$U_r^{IV} = t(v - p) - h_s + \mu l$$

$$U_{BOPRS}^{IV} = t(v - p - h_s) - (1 - t)h_s + \mu l$$

由效用函数可知，此时选择实体店渠道和 BOPRS 渠道的消费者获得的效用相同，因此消费者通

过比较 $\max\{U_e^{IV},\ U_r^{IV}(U_{\text{BORS}}^{IV})\}$ 决定其购买渠道。如果 $U_e^{IV} \geqslant 0\left(v \geqslant p + \dfrac{(1-t)h_r}{t}\right)$ 且 $U_e^{IV} > U_r^{IV}(U_{\text{BORS}}^{IV})$ 时，则消费者将从线上购买线上退货渠道购买；如果 $U_r^{IV}(U_{\text{BORS}}^{IV}) \geqslant 0\,(h_s \leqslant t(v-p)+\mu l)$，消费者将直接从实体店渠道或者 BOPRS 渠道购买。BOPRS 退货策略下的消费者效用如图 4 所示。

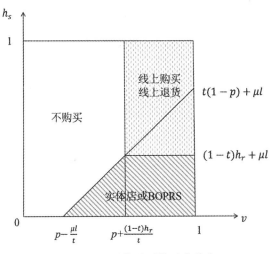

图 4　BOPRS 策略下的需求分布

由于消费者选择实体店渠道和 BOPRS 渠道获得相同的效用，为了便于刻画需求函数，假设 λ 为选择 BOPRS 渠道的消费者比例，代表消费者对 BOPRS 渠道的偏好程度，则 $1-\lambda$ 为更倾向于前往实体店购买的顾客比例。因此，我们可以得到零售商实施 BOPRS 退货策略时线上购买线上退货渠道的消费者需求 D_e^{IV}、实体店渠道的消费者需求 D_r^{IV} 和 BOPRS 渠道的消费者需求 D_{BOPRS}^{IV} 分别为：

$$D_e^{IV} = \left(1 - p - \frac{(1-t)h_r}{t}\right)(1 - (1-t)h_r - \mu l)$$

$$D_r^{IV} = (1-\lambda)\left((1-p)((1-t)h_r + \mu l) - \frac{(1-t)^2 h_r^2 - \mu^2 l^2}{2t}\right)$$

$$D_{\text{BOPRS}}^{IV} = \lambda\left((1-p)((1-t)h_r + \mu l) - \frac{(1-t)^2 h_r^2 - \mu^2 l^2}{2t}\right)$$

零售商的总需求为 $D^{IV} = D_e^{IV} + D_r^{IV} + D_{\text{BOPRS}}^{IV}$。线上购买线上退货渠道的退货量为 $(1-t)D_e^{IV}$，BOPRS 渠道的退货量为 $(1-t)D_{\text{BOPRS}}^{IV}$，即：

$$R_e^{IV} = (1-t)\left(1 - p - \frac{(1-t)h_r}{t}\right)(1 - (1-t)h_r - \mu l)$$

$$R_{\text{BOPRS}}^{IV} = \lambda(1-t)\left((1-p)((1-t)h_r + \mu l) - \frac{(1-t)^2 h_r^2 - \mu^2 l^2}{2t}\right)$$

此时，零售商的利润由销售利润与额外收益的总和除去退货损失以及实体店的建造成本后得到，则零售商的利润函数为：

$$\pi^{IV} = (p-c)D^{IV} + (R_e^{IV} + R_{\text{BOPRS}}^{IV})(s-p) + R_{\text{BOPRS}}^{IV} r - F_1$$

定理 4　在零售商实施 BOPRS 策略的情形下，零售商的最优定价和市场需求为：

$$p^{IV} = \frac{X\lambda + h_r^2(t-1)^2(2t-1) + 2th_r(t-1)(st-s+t-\mu l) + 2t((s+1)(\mu l(1-t)+t)+c-s) + \mu^2 l^2}{4t(Y\lambda - Y + t)}$$

$$D^{IV} = \frac{2(Y\lambda - Y + t)(-Yh_r + (t-1)(2-\mu l)h_r + \mu^2 l^2) + (4tY - X)\lambda + h_r(t-1)^2(4t - 2th_r + h_r) - 2th_r(t-1)(st-s+t-\mu l) + 2t(1-s)(\mu l(1-t)+t) - c + s) - \mu^2 l^2}{4t(Y\lambda - Y + t)}$$

其中 $X = ((h_r + 2r + 2s + 2)t + \mu l - h_r)(h_r(1-t) + \mu l)(t-1)$，$Y = (h_r(1-t) + \mu l)(t-1)$。

当 $\lambda = 1$ 时：

$$p^{IV} = \frac{h_r^2(t-1)^2 + 2(1-t)(\mu l h_r - \mu r l - s) - 2h_r(rt^2 - 2rt + r - t + 1) + \mu^2 l^2 + 2c + 2t}{4t}$$

$$D^{IV} = \frac{h_r^2(t-1)^2 - 2(t-1)h_r(\mu l - rt + r - 1) - 2t(\mu r l + s - 1) + \mu^2 l^2 + 2\mu r l - 2c + 2s}{4t}$$

4. 退货策略比较分析

本文着重于研究零售商退货策略的选择，因此在本节我们针对 $\lambda = 1$ 时 BOPRS 模型的定价决策、需求、退货量和利润，将其与另外三个模型进行对比分析，此时 BOPRS 模型下的消费者仅通过线上渠道和 BOPRS 渠道购买产品和退货。关于四项退货策略的比较分析结果如下面各引理和命题所示。

引理 1　产品残值对零售商的定价决策的影响为：$\frac{\partial p^I}{\partial s} < 0$，$\frac{\partial p^{II}}{\partial s} < 0$，$\frac{\partial p^{III}}{\partial s} < 0$，$\frac{\partial p^{IV}}{\partial s} < 0$。

引理 1 表明无论线上零售商是否实施全渠道退货策略，其定价都随残值的增加而降低。产品的残值较高，意味着零售商承担较小的退货损失，即 $R(p-s)$ 较小。与此对应，零售商将获得比产品残值较低时更高的利润。因此，零售商将通过降低价格的方式吸引更多的消费者前来购买产品，扩大产品需求从而达到进一步提高利润的目的。

命题 1　当零售商实施全渠道退货策略时，不同的全渠道退货策略与同渠道退货策略的价格决策关系为：

(1) $p^I > p^{II}$，$p^I > p^{IV}$；

(2) 当 $0 < h_r \leqslant 2c - 2s$ 时，$p^I \geqslant p^{III}$；当 $2c - 2s < h_r < \frac{t-c}{1-t} + s$ 时，$p^I < p^{III}$。

证明：根据上述定理中得到的不同退货策略下的价格决策，将同渠道退货策略下的价格决策与其他三项全渠道退货策略分别进行比较，得到以下结果：$p^I - p^{II} = \frac{(h_r(1-t) + \mu l)(h_r(1-t) + \mu l + 2r(t-1))}{4t(t-1)}$，$p^I - p^{III} = \frac{h_r(t-1)^2(2c - 2s - h_r)}{4t((t-1)^2 h_r + t)}$，$p^I - p^{IV} = \frac{(h_r(1-t) + \mu l)(h_r(1-t) + \mu l + 2r(t-1))}{-4t}$。令 $p^I - p^{II} = 0$ 和 $p^I - p^{IV} = 0$，可以得到 $h_r = \frac{2r(1-t) - \mu l}{1-t}$；令 $p^I - p^{III} = 0$，则 $h_r = 2c - 2s$。根据模型假设(4)以及对阈值作差比较后可得到命

题 1。

命题 1 展示了当线上零售商实施不同的全渠道退货策略时，相较于原有的同渠道退货而言定价决策的变化关系。可以看出，BORS 策略和 BOPRS 策略的价格都比同渠道退货策略低；当线上退货麻烦成本较低时，Showroom 策略的价格比同渠道退货策略低；而当线上退货麻烦成本较高时，Showroom 策略的价格提高。这是由选择传统线上渠道退货的消费者和选择全渠道方式退货的消费者之间的效用大小关系导致的。较低的线上退货麻烦成本使线上渠道退货的消费者获得了较高的效用，此时零售商采取降低售价的方式来提高消费者通过全渠道退货时的效用，从而达到激励消费者选择全渠道方式退货的目的。同时，较低的线上退货麻烦成本也对应较高的交叉销售利润。当零售商实施 BORS 策略和 BOPRS 策略时，若能通过较高的交叉销售利润来追求更高的利润，此时反而可以适当降低价格以吸引更多的顾客。

命题 2　当零售商实施 BORS 策略和 BOPRS 策略时，市场需求和退货量的变化为：$D^I < D^{II}$，$D^I < D^{IV}$；$R^I < R^{II}$，$R^I < R^{IV}$。

证明：将 BORS 策略和 BOPRS 策略的市场需求和退货量分别与同渠道退货作差，得到：

$$D^I - D^{II} = \frac{(h_r(1-t)+\mu l)(h_r(1-t)+\mu l+2r(1-t))}{4t(t-1)} < 0$$

$$D^I - D^{IV} = R^I - R^{II} = -(h_r(1-t)+\mu l)\frac{(h_r(1-t)+\mu l+2r(1-t))}{4t} < 0$$

$$R^I - R^{IV} = \frac{(t-1)(h_r(1-t)+\mu l)(h_r(1-t)+\mu l+2r(1-t))}{4t} < 0$$

命题 2 直观地展示了 BORS 策略和 BOPRS 策略为零售商的市场需求和退货量带来的正向作用，即需求和退货量同时提高。线上零售商起初只有一条销售渠道，实施 BORS 策略和 BOPRS 策略使其拓展了渠道数量。固定的实体店铺成为零售商吸引新顾客和维持老顾客的重要工具，而跨渠道服务吸引了更多的消费者转向跨渠道方式购买产品，进而导致需求的增加。同时，需求的增加和便利的跨渠道服务也将导致退货量的增加。

命题 3　零售商实施 Showroom 策略时，其与同渠道退货时的市场需求关系如下：

（1）$0 < t < \frac{1}{2}$ 时：

①当 $c - s \leqslant \frac{(2t-1)^2}{16(t-1)^2}$ 时，若 $h_r \in \left(0, \frac{1-2t-\sqrt{\Delta_1}}{4(t-1)^2}\right) \cup \left(\frac{1-2t+\sqrt{\Delta_1}}{4(t-1)^2}, 1\right)$，$D^I < D^{III}$；若 $h_r \in \left[\frac{1-2t-\sqrt{\Delta_1}}{4(t-1)^2}, \frac{1-2t+\sqrt{\Delta_1}}{4(t-1)^2}\right]$，$D^I \geqslant D^{III}$。

②当 $c - s > \frac{(2t-1)^2}{16(t-1)^2}$ 时，$D^I < D^{III}$。

（2）$\frac{1}{2} \leqslant t < 1$ 时，$D^I < D^{III}$。

证明：对同渠道退货策略和 Showroom 策略下的市场需求作差，可得到 $D^I - D^{III} =$

$$-\frac{h_r\,(t-1)^2(2\,(t-1)^2h_r^2+2c-2s+(2t-1)h_r)}{4t((t-1)^2h_r+t)}$$，其大小关系与函数 $2\,(t-1)^2h_r^2+(2t-1)h_r+$

$2c-2s$ 有关，其判别式 $\Delta_1=(2t-1)^2-16\,(t-1)^2(c-s)$，当 $t>\dfrac{1}{2}$ 时，一次项系数为正。对一次项系数和判别式的正负分情况讨论可得到命题3。

　　从命题3可以发现，不同于 BORS 策略和 BOPRS 策略，当零售商实施 Showroom 策略时，市场需求不再始终大于同渠道退货策略下的市场需求，而是受到满意度、产品残值和线上退货麻烦成本的综合影响。当消费者对产品的满意度较高 $\left(\dfrac{1}{2}\le t<1\right)$ 时，Showroom 策略下的市场需求较高。这是因为零售商建立展厅后，消费者可以先前往展厅体验产品后再决定是否购买，若其对产品满意则会转向线上渠道购买产品，反之放弃购买产品，此时较高的满意度必然会促使更多的消费者产生购买行为，从而增加市场需求。

　　命题4　零售商实施 Showroom 策略时，其与同渠道退货策略的退货量关系如下：

　　(1) $(1-t)(h_r+s)-t<c\le t^2$ 的情况下，若 $h_r\in(0,h_{r2})$，$R^I>R^{III}$；若 $h_r\in(h_{r2},1)$，$R^I<R^{III}$。

　　(2) $t^2<c\le c_1$ 的情况下，当 $0<s<s_3$ 时，若 $h_r\in(0,h_{r1})\cup(h_{r2},1)$，$R^I<R^{III}$；若 $h_r\in[h_{r1},h_{r2}]$，$R^I\ge R^{III}$。当 $s_3\le s<1$ 时，若 $h_r\in(0,h_{r2})$，$R^I>R^{III}$；若 $h_r\in[h_{r2},1)$，$R^I\le R^{III}$。

　　(3) $c_1<c<(h_r-s)(t-1)+t$ 的情况下，当 $s\in(0,s_1]$ 时，$R^I\le R^{III}$。

　　当 $s\in(s_1,1)$ 时：

　　① $c\in(c_1,c_2]$ 时：若 $h_r\in(0,h_{r2})$，$R^I>R^{III}$；若 $h_r\in[h_{r2},1)$，$R^I\le R^{III}$。

　　② $c\in(c_2,(h_r-s)(t-1)+t)$ 时：若 $s_1<s\le s_2$，则 $h_r\in(0,h_{r1})\cup(h_{r2},1)$，$R^I<R^{III}$；$h_r\in[h_{r1},h_{r2}]$，$R^I\ge R^{III}$。若 $s_2<s<s_3$，则 $R^I<R^{III}$。若 $s_3\le s<1$，则 $h_r\in(0,h_{r2})$，$R^I>R^{III}$；$h_r\in[h_{r2},1)$，$R^I\le R^{III}$。

　　证明：将 Showroom 策略和同渠道退货策略下的退货量作差，得到 $R^I-R^{III}=$

$$-\frac{h_r\,(t-1)^2((3-2t)\,(t-1)^2h_r^2+(t-1)h_r(2st^2-2t^2-2st+1)+2st^2-2t^2+2c-2s)}{4t((t-1)^2h_r+t)}$$，令 $G=$

$(3-2t)\,(t-1)^2h_r^2+(t-1)h_r(2st^2-2t^2-2st+1)+2st^2-2t^2+2c-2s$，其判别式 $\Delta_2=(t-1)^2$ $(4t^2\,(t-1)^2s^2-4(t(t-1)(2t^2-1)+2(3-2t)(t^2-1))s+(2t^2-1)^2+8(3-2t)(t^2-c))$，令 $\Delta_2'=$ $4t^2\,(t-1)^2s^2-4(t(t-1)(2t^2-1)+2(3-2t)(t^2-1))s+(2t^2-1)^2+8(3-2t)(t^2-c)$，此时 Δ_2' 为 s 的一元二次函数，其二次项系数 $4t^2\,(t-1)^2$ 和一次项系数 $-4(t(t-1)(2t^2-1)+2(3-2t)(t^2-1))$ 皆为正。当 Δ_2' 的常数项 $(2t^2-1)^2+8(3-2t)(t^2-c)\ge0$ 时，可得到 $c\le c_1=\dfrac{(2t^2-1)^2}{8(3-2t)}+t^2$，此时判别式 $\Delta_2\ge0$；当常数项 $(2t^2-1)^2+8(3-2t)(t^2-c)<0$ 时，可得到 $c>c_1$，此时 Δ_2' 的判别式 $\Delta_2''=16(t(t-1)(2t^2-1)+2(3-2t)(t^2-1))^2-16t^2\,(t-1)^2((2t^2-1)^2+8(3-2t)(t^2-c))$ 为正，存在一个有效根 s_1，使得 $s\in(0,s_1)$ 时，$\Delta_2'<0$；$s\in(s_1,1)$ 时，$\Delta_2'>0$，其中 $s_1=$

$\dfrac{4(t(t-1)(2t^2-1)+2(3-2t)(t^2-1))+\sqrt{\Delta''_2}}{8t^2(t-1)^2}$，即 $s \in (0, s_1]$ 时，$\Delta_2 \le 0$，$R^I \le R^{III}$ 恒成立；

$s \in (s_1, 1)$ 时，$\Delta_2 > 0$。当 $s \in (s_1, 1)$ 时，若 $s > s_2 = \dfrac{1-2t^2}{2t(1-t)}$，$G$ 的一次项系数 $(t-1)(2st^2-$

$2t^2-2st+1) > 0$；若 $s < s_3 = \dfrac{c-t^2}{1-t^2}$，$G$ 的常数项 $2st^2-2t^2+2c-2s > 0$。通过比较可以得出 $c = c_2 =$

$\dfrac{-2t^2+t+1}{2t}$ 时 $s_1 = s_2 = s_3$，$c < c_2$ 时 $s_1 > s_2 > s_3$，$c > c_2$ 时 $s_1 < s_2 < s_3$。同时，对 c_1 和 c_2 作差可

得到 $t = \dfrac{\sqrt{2}}{2}$ 时 $c_1 = c_2$。因此，若 $c \in (c_1, c_2)$，$s_1 > s_2 > s_3$。对上述组合的多种情况进行分类

讨论可得到命题 4，此处不再赘述。其中，$h_{r1} = \dfrac{(1-t)(2st^2-2t^2-2st+1)-\sqrt{\Delta_2}}{2(3-2t)(t-1)^2}$，

$h_{r2} = \dfrac{(1-t)(2st^2-2t^2-2st+1)+\sqrt{\Delta_2}}{2(3-2t)(t-1)^2}$。

从命题 4 我们可以发现，Showroom 策略和同渠道退货策略下的退货量大小关系与零售商的单位采购成本 c、产品残值 s 以及消费者的线上退货麻烦成本 h_r 有关。当零售商的单位采购成本较小时，若线上退货麻烦成本较低，同渠道退货策略下的退货量较多，反之 Showroom 策略的退货量将多于同渠道退货策略；当零售商的单位采购成本较大时，若产品残值较低，则 Showroom 策略的退货量更多。结合命题 1，当线上退货麻烦成本较低时，同渠道退货策略的零售价格高于 Showroom 策略，较高的零售价格必然会使消费者对产品有更高的期望值，因此消费者对产品不满意的可能性更大，故而导致更多的退货量。当零售商的单位采购成本较大且产品残值较低时，零售商会通过提高价格的方式来维持利润，而消费者更倾向于在购买前亲自体验具有较高价值的产品，因此 Showroom 策略的需求增加，需求的增加也会在一定程度上带来退货量的增加。

命题 5 当零售商实施 BORS 策略和 BOPRS 策略时，两种策略下的最优定价均随交叉销售利润 r 的增加而降低，市场需求和退货量随 r 的增加而提高。

证明： 将 BORS 策略和 BOPRS 策略下的最优定价、需求和退货量分别对 r 求导，$\dfrac{\partial p^{II}}{\partial r} =$

$\dfrac{-((1-t)h_r+\mu l)}{2t} < 0$，$\dfrac{\partial p^{IV}}{\partial r} = \dfrac{-(1-t)((1-t)h_r+\mu l)}{2t} < 0$，$\dfrac{\partial D^{II}}{\partial r} = \dfrac{(1-t)h_r+\mu l}{2t} > 0$，$\dfrac{\partial D^{IV}}{\partial r} =$

$\dfrac{\partial R^{II}}{\partial r} = \dfrac{(1-t)((1-t)h_r+\mu l)}{2t} > 0$，$\dfrac{\partial R^{IV}}{\partial r} = \dfrac{(1-t)^2((1-t)h_r+\mu l)}{2t} > 0$。

命题 5 表明零售商实施 BORS 策略和 BOPRS 策略时，随着交叉销售利润的增加，零售商能从前往实体店退货的顾客中获得更多的额外利润，这些额外利润帮助零售商弥补了实施该策略需承担的固定成本和人工成本，因此零售商将会通过降低价格的方式来为实体店吸引更多的流量，从而提高消费者额外购买产品的机会，进一步获得更多收益。价格的降低为零售商带来了更多的市场需求，同时也导致了退货量的增加。

我们通过上述命题分别分析了线上零售商实施的不同的全渠道退货策略相较于原有的同渠道退货策略带来的影响，下面将在这三种全渠道退货策略之间进行对比，探究在各全渠道退货策略下定价决策和市场需求的变化关系，找出不同条件下的最优退货策略，为零售商的全渠道退货策略选择提供一定依据。

命题 6 当零售商在三种全渠道退货策略中进行选择时，定价决策的变化关系为：

①当 $0 < h_r < 2c - 2s$ 时，有：
$$\begin{cases} 0 < r \le r_1, & p^{III} < p^{IV} \le p^{II} \\ r_1 < r \le r_2, & p^{III} \le p^{II} < p^{IV} \\ r_2 < r < r_3, & p^{II} < p^{III} < p^{IV} \\ r_3 \le r < 1, & p^{II} < p^{IV} \le p^{III} \end{cases}$$

②当 $h_r = 2c - 2s$ 时，有：
$$\begin{cases} 0 < r \le r_1, & p^{III} \le p^{IV} \le p^{II} \\ r_1 < r < 1, & p^{II} < p^{IV} < p^{III} \end{cases}$$

③当 $2c - 2s < h_r < \dfrac{t-c}{1-t} + s$ 时，有：
$$\begin{cases} 0 < r \le r_3, & p^{III} \le p^{IV} < p^{II} \\ r_3 < r \le r_2, & p^{IV} < p^{III} \le p^{II} \\ r_2 < r < r_1, & p^{IV} < p^{II} < p^{III} \\ r_1 \le r < 1, & p^{II} \le p^{IV} < p^{III} \end{cases}$$

证明： 对三种全渠道退货策略下的定价两两比较，发现当 $r < r_1$ 时，$p^{IV} < p^{II}$；当 $r < r_2$ 时，$p^{III} < p^{II}$；当 $r < r_3$ 时，$p^{III} < p^{IV}$。同时，当 $h_r > 2c - 2s$ 时，可以得到三个阈值之间的关系为 $r_1 > r_2 > r_3$，因此当 $0 < r \le r_3$ 时，有 $p^{III} \le p^{IV} < p^{II}$；$r_3 < r \le r_2$ 时，有 $p^{IV} < p^{III} \le p^{II}$；当 $r_2 < r < r_1$ 时，有 $p^{IV} < p^{II} < p^{III}$；当 $r_1 \le r < 1$ 时，有 $p^{II} \le p^{IV} < p^{III}$。当 $h_r = 2c - 2s$ 时，有 $r_1 = r_2 = r_3$。当 $h_r < 2c - 2s$ 时，各阈值的关系反转为 $r_3 > r_2 > r_1$，即可根据 r 的大小进行讨论。对应的各阈值分别为：

$$r_1 = \frac{(1-t)h_r + \mu l}{2(1-t)}$$

$$r_2 = \frac{(1-t)(h_r^2 - 2h_r - 2s) + 2t + 2\mu l h_r + 2c - 4tH}{2((1-t)h_r + \mu l)} + \frac{\mu^2 l^2}{2(1-t)((1-t)h_r + \mu l)}$$

$$r_3 = \frac{h_r^2(t-1)^2 + 2(1-t)(\mu l h_r - s) - 2h_r(1-t) + \mu^2 l^2 + 2c + 2t - 4tH}{2(1-t)((1-t)h_r + \mu l)}$$

其中 $H = \dfrac{h_r^2(t-1)^2(2t-1) + 2th_r(t-1)(s(t-1)+t) + 2t(s(t-1)+t+c)}{4t((t-1)^2 h_r + t)}$。

命题 6 说明三种全渠道退货策略中定价决策的变化关系由线上退货麻烦成本 h_r 和交叉销售利润 r 决定。当线上退货麻烦成本较小时，若交叉销售利润较低，则 BORS 策略下的定价更高，其次是 BOPRS 策略，Showroom 策略的定价最低；若交叉销售利润中等，则 BOPRS 策略的定价最高；若交叉销售利润较高，则 Showroom 策略下的定价最高。当线上退货麻烦成本较大时，若交叉销售利润较低，BORS 策略下的定价最高；若交叉销售利润较高，Showroom 策略下的定价最高。可以发现当交叉销售利润较低或中等的时候，BORS 策略或 BOPRS 策略下的定价会高于 Showroom 策略；而当交叉销售利润较高的时候，Showroom 策略下的定价会更高。这是由于较高的交叉销售利润会为零售商带来更多的额外收益，此时零售商更愿意降低价格来吸引更多的消费者进而扩大需求，达到提高利润的目的。而交叉销售利润较低时，零售商则会提高价格以弥补额外支出。

命题 7 当零售商在三种全渠道退货策略中进行选择时，市场需求的变化关系为：

（1）$0 < t < \dfrac{1}{2}$ 时：

①当 $c - s \leqslant \dfrac{(2t-1)^2}{16(t-1)^2}$ 时：

若 $h_r \in (0, h_{r3}) \cup (h_{r4}, 1)$，有：$\begin{cases} 0 < r \leqslant r_4, & D^{IV} < D^{II} \leqslant D^{III} \\ r_4 < r < r_5, & D^{IV} < D^{III} < D^{II} \\ r_5 \leqslant r < 1, & D^{III} \leqslant D^{IV} < D^{II} \end{cases}$

若 $h_r \in [h_{r3}, h_{r4}]$，有：$\begin{cases} 0 < r < r_5, & D^{IV} < D^{II} < D^{III} \\ r_4 < r < 1, & D^{III} < D^{IV} < D^{II} \end{cases}$

②当 $c - s > \dfrac{(2t-1)^2}{16(t-1)^2}$ 时，有：$\begin{cases} 0 < r \leqslant r_4, & D^{IV} < D^{II} \leqslant D^{III} \\ r_4 < r < r_5, & D^{IV} < D^{III} < D^{II} \\ r_5 \leqslant r < 1, & D^{III} \leqslant D^{IV} < D^{II} \end{cases}$

（2）$\dfrac{1}{2} \leqslant t < 1$ 时，有：$\begin{cases} 0 < r \leqslant r_4, & D^{IV} < D^{II} \leqslant D^{III} \\ r_4 < r < r_5, & D^{IV} < D^{III} < D^{II} \\ r_5 \leqslant r < 1, & D^{III} \leqslant D^{IV} < D^{II} \end{cases}$

证明： 三种全渠道退货策略下的市场需求的比较结果为：当 $r > r_4$ 时，$D^{III} < D^{II}$；当 $r > r_5$ 时，$D^{III} < D^{IV}$；$D^{II} - D^{IV} = \dfrac{(h_r(1-t) + \mu l)(h_r(1-t) + \mu l + 2r(1-t))}{4(1-t)} > 0$。接下来对阈值 r_4 和 r_5 进行比较，得到 $r_4 - r_5 = \dfrac{th_r(t-1)(2(t-1)^2 h_r^2 + (2t-1)h_r + 2c - 2s)}{2((1-t)h_r + \mu l)((t-1)h_r + t)}$，发现 r_4 和 r_5 的差值与函数 $2(t-1)^2 h_r^2 + (2t-1)h_r + 2c - 2s$ 密切相关，其判别式为 $\Delta_3 = (2t-1)^2 - 16(t-1)^2(c-s)$。当 $t \geqslant \dfrac{1}{2}$ 时，$2(t-1)^2 h_r^2 + 2c - 2s + (2t-1)h_r > 0$ 恒成立，此时 $r_4 < r_5$。当 $t < \dfrac{1}{2}$ 时，需对 Δ_3 的正负进行分类讨论，在此不做赘述。计算得出的各阈值分别为：

$$h_{r3} = \frac{1 - 2t - \sqrt{\Delta_3}}{4(t-1)^2}$$

$$h_{r4} = \frac{1 - 2t + \sqrt{\Delta_3}}{4(t-1)^2}$$

$$r_4 = \frac{(1-t)(h_r^2 - 2h_r + 2s) + 2t + 2\mu l h_r - 2c + 4tK}{2((1-t)h_r + \mu l)} - \frac{\mu^2 l^2}{2(1-t)((1-t)h_r + \mu l)}$$

$$r_5 = \frac{4tK - h_r^2(t-1)^2 + 2(t-1)(\mu l - 1)h_r - 2t(1-s) - \mu^2 l^2 + 2c - 2s}{2(1-t)((1-t)h_r + \mu l)}$$

其中：

$$K = \frac{2((t-1)^2 h_r + t)(h_r^2(t-1)^2 + 2th_r - 2h_r + 2t) - h_r^2(t-1)^2(2t-1) - 2th_r(t-1)(s(t-1)+t) - 2t(s(t-1)+t+c)}{4t((t-1)^2 h_r + t)}$$

命题 7 表明三种全渠道退货策略的市场需求的变化关系受到满意度 t、交叉销售利润 r 和线上退货麻烦成本 h_r 的综合影响。当消费者对产品的满意度较高 $\left(\dfrac{1}{2} \leq t < 1\right)$ 时，若交叉销售利润较低，Showroom 策略下的市场需求较高，其次是 BORS 策略，BOPRS 策略的市场需求最低。若交叉销售利润中等，BORS 策略的市场需求高于 Showroom 策略。若交叉销售利润较高，则不同策略的市场需求从高到低依次为 BORS 策略、BOPRS 策略和 Showroom 策略。这是因为当交叉销售利润较低时，零售商为了获取更多利润，会提高 BORS 策略和 BOPRS 策略下的销售价格，从而导致需求的降低，此时 Showroom 策略下的需求最高。当交叉销售利润较高时，零售商反而会降低 BORS 策略和 BOPRS 策略下的销售价格，进一步扩大市场需求。

5. 数值分析

本节使用数值分析方法对零售商的全渠道退货策略表现做进一步的分析，并直观展示相关参数对零售商决策和利润的影响。各参数的设定为：$t = 0.5$，$s = 0.3$，$c = 0.4$，$h_r = 0.1$，$\mu = 0.1$，$l = 0.2$，$r = 0.2$，$F_1 = 0.01$，$F_2 = 0.005$。

图 5 展示了交叉销售利润和线上退货麻烦成本对价格决策的影响，其结果可结合命题 6 分析。可以看出，当交叉销售利润较低时，BORS 策略下的定价始终更高；而当交叉销售利润较高时，Showroom 策略下的定价最高。当线上退货麻烦成本较小时，若交叉销售利润较低，BORS 策略下的定价最高；若交叉销售利润中等，BOPRS 策略下的定价较高；若交叉销售利润较高，Showroom 策略下的定价最高。零售商可以通过较高的交叉销售利润获得更多的额外收益，因此更愿意降低价格来吸引更多的消费者购买产品，从而进一步提高利润。而交叉销售利润较低时，零售商为了弥补额外支出达到获取利润的目的则会提高价格。

图 6 表明了三种全渠道退货策略的市场需求与满意度 t 和交叉销售利润 r 的关系。若交叉销售利润较低，Showroom 策略下的市场需求较高，其次是 BORS 策略，BOPRS 策略的市场需求最低；若交叉销售利润较高，则 BORS 策略下的市场需求最高，Showroom 策略下的需求最低。当 BORS 策略和 BOPRS 策略所获得的交叉销售利润较低时，零售商会提高销售价格来获取更多利润，从而导致需求的降低。当交叉销售利润较高时，交叉销售利润可以弥补零售商支出的额外成本，此时零售商反而会降低 BORS 策略和 BOPRS 策略下的销售价格，进一步扩大市场需求。

图 7 表述了线上退货麻烦成本 h_r 对零售商利润的影响。可以发现，无论零售商是否实施全渠道退货策略，其利润都随着线上退货麻烦成本 h_r 的增加而减少。当线上退货麻烦成本较小时，同渠道退货策略下的利润始终最高，其后依次是 Showroom 策略、BORS 策略和 BOPRS 策略。随着线上退货

麻烦成本的增大，BORS 策略和 Showroom 策略的零售商利润逐渐高于同渠道退货策略，而 BOPRS 策略下的利润依旧小于同渠道退货策略。由此可以发现，全渠道退货策略对零售商有利的前提条件是较大的线上退货麻烦成本。只有当退货服务不够便捷时，全渠道退货服务才更受到消费者的青睐，此时零售商提供更为便捷的全渠道退货服务才会让消费者更加放心无忧地购买产品，从而为零售商带来更多的利润。

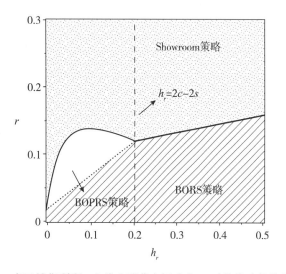 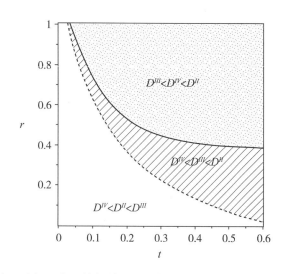

图 5　交叉销售利润 r 和线上退货麻烦成本 h_r 对价格决策的影响　图 6　交叉销售利润 r 和满意度 t 对需求的影响

　　在图 7 的基础上，图 8 进一步展示了交叉销售利润 r 和线上退货麻烦成本 h_r 对零售商利润的共同影响。不同于图 7 中 BOPRS 策略下的利润始终最低的情况，可以发现随着交叉销售利润 r 的增加，BOPRS 策略下的利润要大于 Showroom 策略。当交叉销售利润 r 较高时，BORS 策略的利润最高，其次是 BOPRS 策略，此时 Showroom 策略的利润最低。当交叉销售利润 r 中等时，BORS 策略的利润依然最高，而 Showroom 策略的利润要高于 BOPRS 策略。当交叉销售利润 r 较低时，Showroom 策略的利润在三种全渠道策略中最高。因此，零售商最佳的全渠道退货策略的选择随着交叉销售利润的大小而改变，当交叉销售利润 r 中等或较高时，BORS 策略是零售商的最佳选择；当交叉销售利润 r 较小时，Showroom 策略为其带来的利润更高。

　　图 9 表明了在 BORS 策略和 BOPRS 策略下，交叉销售利润 r 对零售商决策和利润的影响。零售价格随着交叉销售利润 r 的增大而降低，市场需求、退货量和零售商利润均随着交叉销售利润 r 的增大而增加。当交叉销售利润 r 较小时，BORS 策略下的价格高于 BOPRS 策略；当交叉销售利润 r 较大时，BORS 策略下的价格低于 BOPRS 策略。此外，BORS 策略下的市场需求、退货量和零售商利润均高于 BOPRS 策略，这与前面所得到的结果相符。因此，在 BORS 策略和 BOPRS 策略的比较中，零售商选择 BORS 策略显然是更有利的。

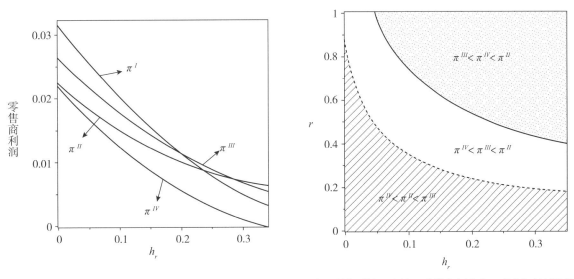

图7 线上退货麻烦成本h_r对零售商利润的影响　图8 交叉销售利润r和线上退货麻烦成本h_r对零售商利润的影响

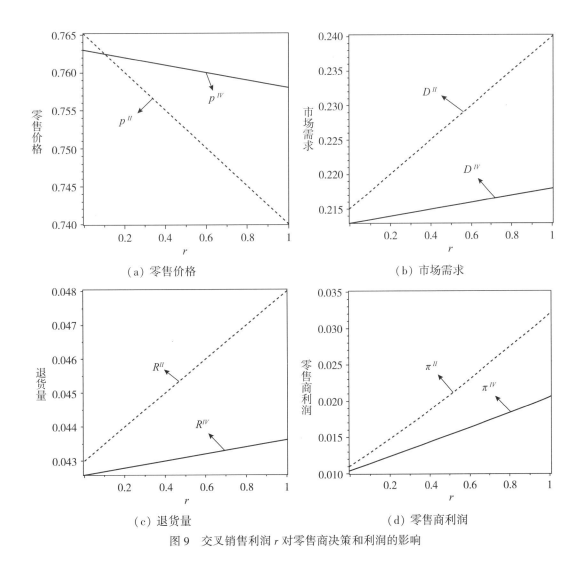

（a）零售价格　　　　　　　　　　　（b）市场需求

（c）退货量　　　　　　　　　　　（d）零售商利润

图9 交叉销售利润r对零售商决策和利润的影响

6. 结语

本文从线上零售商的角度出发，基于零售商仅通过线上渠道销售产品时退货率较高的现状，为其提供优化消费者退货体验、提高零售利润的措施，分别构建了三种全渠道退货策略模型：BORS策略、Showroom策略和BOPRS策略，通过策略对比和数值分析探讨不同退货策略对线上零售商的影响，为线上零售商在不同情境下的策略选择及定价决策提供依据。

首先，和同渠道退货策略相比较：

（1）对于定价决策而言，BORS策略和BOPRS策略的价格都比同渠道退货策略低；当线上退货麻烦成本较低时，Showroom策略的价格比同渠道退货策略低；而当线上退货麻烦成本较高时，Showroom策略的价格提高。

（2）BORS策略和BOPRS策略下市场需求和退货量均高于同渠道退货策略。

（3）Showroom策略与同渠道退货策略下的市场需求和退货量的大小关系受到满意度 t 、单位采购成本 c 、产品残值 s 以及线上退货麻烦成本 h_r 的综合影响，即Showroom策略并不总是能为线上零售商带来更多的市场需求。

其次，三种全渠道退货策略相比较：

（1）定价决策的变化关系由线上退货麻烦成本 h_r 和交叉销售利润 r 决定，当交叉销售利润较低时，BORS策略下的定价始终更高，而当交叉销售利润较高时，Showroom策略下的定价最高。

（2）市场需求的变化关系除了受到交叉销售利润 r 和线上退货麻烦成本 h_r 的影响，还受到满意度 t 的影响，若交叉销售利润较低，Showroom策略下的市场需求最高；若交叉销售利润中等或较高，BORS策略的市场需求最高。

（3）当交叉销售收益 r 中等或较高时，BORS策略为零售商带来的利润最高；当交叉销售收益 r 较低时，Showroom策略使零售商更加有利可图。实际上，在彭尼百货有90%以上的线上消费者选择退货至实体店，且其中接近三分之一的消费者会额外花费60美元购买其他商品，彭尼百货鼓励消费者采用跨渠道退货方式，以获得更多客流量和更高利润。因此，若交叉销售收益较高，BORS策略对零售商是更有利的。男装品牌Bonobos则通过建立展厅获得了两倍于线上的线下订单，类似的现象也发生于服装品牌茵曼，消费者在实体店试穿后购买的转化率更高。

最后，当零售商在实体店内获得交叉销售利润时，即实施BORS策略和BOPRS策略，最优定价均随交叉销售利润的增加而降低，市场需求和退货量随交叉销售利润的增加而提高，且BORS策略下的市场需求、退货量和零售商利润均高于BOPRS策略。

本文的研究在多个方面具有拓展的可能性：本文为了使结果更加简洁明了，将线上麻烦成本假设为0，此后的研究可探讨线上线下渠道的麻烦成本对零售商的综合影响；此外，零售商在实施全渠道退货策略时的库存管理问题也值得关注。

◎ 参考文献

[1] 陈飔佳，官振中. 消费者失望厌恶下全渠道零售商退货策略研究[J/OL]. 中国管理科学，2021-09-28.

[2] 郎骁，邵晓峰. 消费者导向类型与电商全渠道决策研究[J]. 中国管理科学，2020，28(9).

[3] 刘会新，黄艳丹. 全渠道供应链中的退货路径[J]. 系统工程，2021，39(3).

[4] 刘金荣，徐琪. 全渠道零售下"Showrooms"对需求分布、定价和收益的影响研究[J]. 中国管理科学，2019，27(12).

[5] 申成霖，张新鑫，卿志琼. 服务水平约束下基于顾客策略性退货的供应链契约协调研究[J]. 中国管理科学，2010，18(4).

[6] 张学龙，吴豆豆，王军进，等. 考虑退货风险的制造商双渠道供应链定价决策研究[J]. 中国管理科学，2018，26(3).

[7] Bell, D. R., Gallino, S., & Moreno, A. Offline showrooms in omni-channel retail：Demand and operational benefits[J]. Management Science, 2018, 64(4).

[8] Chen, B., & Chen, J. Compete in price or service? —A study of personalized pricing and money back guarantees[J]. Journal of Retailing, 2017, 93(2).

[9] Gallino, S., & Moreno, A. Integration of online and offline channels in retail：The impact of sharing reliable inventory availability information[J]. Management Science, 2014, 60(6).

[10] Gao, F., & Su, X. Online and offline information for omni-channel retailing[J]. Manufacturing & Service Operations Management, 2017a, 19(1).

[11] Gao, F., & Su, X. Omni-channel retail operations with buy-online-and-pick-up-in-store [J]. Management Science, 2017b, 63(8).

[12] Hsiao, L., & Chen, Y. J. Return policy：Hassle-free or your money-back guarantee? [J]. Naval Research Logistics, 2014, 61(5).

[13] Jin, D., Caliskan-Demirag, O., Chen, F. Y., et al. Omni-channel retailers' return policy strategies in the presence of competition[J]. International Journal of Production Economics, 2020, 225.

[14] Kumar, A., Mehra, A., & Kumar, S. Why do stores drive online sales? Evidence of underlying mechanisms from a multichannel retailer[J]. Information Systems Research, 2019, 30(1).

[15] Li, G., Li, L., Sethi, S. P., & Guan, X. Return strategy and pricing in a dual-channel supply chain [J]. International Journal of Production Economics, 2019, 215.

[16] Mandal, P., Basu, P., & Saha, K. Forays into omni-channel：An online retailer's strategies for managing product returns[J]. European Journal of Operational Research, 2021, 292(2).

[17] Nageswaran, L., Cho, S. H., & Scheller-Wolf, A. Consumer return policies in omni-channel operations[J]. Management Science, 2020, 66(12).

[18] Park, J., Dayarian, I., & Montreuil, B. Showcasing optimization in omni-channel retailing[J]. European Journal of Operational Research, 2021, 294(3).

[19] Rigby, D. The future of shopping[J]. Harvard Business Review, 2011, 89(12).

Research on Omni-channel Return Policies of Online Retailers

Yang Lei[1]　Liang Ruixin[2]　Zheng Cong[3]　Zheng Sufeng[4]

(1, 2, 3　Department of Electronic Commerce, South China University of Technology, Guangzhou, 510006;

4　College of Management, Guangzhou City University of Technology, Guangzhou, 510006)

Abstract：Due to the high return rate of online retailers, this paper studies the return polices of online retailers in order to optimize consumers' return experience and improve retailers' profits. Based on the omni-channel environment, three omni-channel return models are constructed: the BORS model, the showroom model and the BOPRS model. We explore the influence of different return policies on online retailers and provide theoretical guidance for the retailers' omni-channel return policy selections in different situations through the comparisons among decisions and profits and numerical analysis. The results show that omni-channel return policies are not always beneficial to online retailers and can only bring more profits when consumers have a higher hassle cost of online return. The retailer's optimal policy selection is related to the hassle cost of online return and cross-selling profit. When the cross-selling profit is relatively moderate/high, the BORS policy is the most beneficial to the retailer. When the cross-selling profit is lower, the showroom policy makes the retailer more profitable. In addition, the market demand, the return volume and the retailer's profit under the BORS policy are higher than those under the BOPRS policy.

Key words：Omni-channel; Consumer returns; BORS; Showroom; BOPRS

专业主编：许明辉

珞珈管理评论
2022 年卷第 2 辑（总第 41 辑）

Luojia Management Review
No. 2，2022（Sum. 41）

美美与共，其乐融融：共同消费的概念辨析
及其文献述评*

● 王新刚　李秀秀　项典典

（中南财经政法大学工商管理学院　武汉　430073）

【摘　要】共同消费作为生活中常见的消费类型，越来越受到业界和学界的关注，但现有研究对其尚缺乏清晰的概念界定和系统述评。为此，本文通过梳理共同消费的知识结构，尝试对其概念进行界定，并概括了三个关键特征：购买决策阶段，少数成员代替他人决策或消费成员共同决策，产品或服务的购买由消费成员共同承担。购后使用阶段，消费成员平等享有产品或服务的所有权和使用权。购后评价阶段，消费成员共同分享消费中的喜乐，并对产品或服务做出评价。与此同时，本文对影响共同消费的前因及其产生的后果进行了梳理，归纳出共同消费的"前因—后果变量"框架图，并以此为依据提出一些可行的未来研究方向。

【关键词】共同消费　为他人决策　共同决策　偏好权衡

中图分类号：F270　　　　文献标识码：A

1. 引言

消费需求是拉动经济发展之重要引擎，国家统计局披露，2020 年我国最终消费支出占 GDP 比重达 54.3%，为近年来的最高水平。其中，与共同消费相比，个人消费和决策受到学者的广泛关注，并取得丰硕的成果。尽管如此，个人消费也只能满足人们的部分需要，还有众多需要是靠共同消费来实现的。而在以集体主义为导向的社会文化中，共同消费在整个消费需求或支出中可谓是重中之重，它不仅可以促进消费"美美与共"，而且能给人们带来"其乐融融"的愉快体验。共同消费（joint consumption）是发生在家庭、社交、工作中常见的消费类型（符国群等，2020；Etkin，2016；

* 基金项目：国家自然科学基金面上项目"品牌丑闻跨国非对称溢出效应研究：基于国家形象构成要素视角"（项目批准号：71572193）。

通讯作者：李秀秀，E-mail：lixiuxiu95@ 126. com。

Tu et al., 2016）。例如，在日常生活中，消费者经常和家人、朋友或同事一起旅游、看电影、购物等。在这些消费过程中，人们可以一起参与、使用或体验产品，并能相互分享消费之后的感受（Liu et al., 2019）。研究表明：共同消费不仅会影响消费者对产品的评价，例如，在共同消费时，人们会选择更多样化的产品种类，更注重产品的享乐属性，更关注适合群体一起的消费活动（DeVault, 2000；Etkin, 2016；Garcia-Rada et al., 2019）；而且也会影响消费者的情感和态度，例如，给人们带来更好的享乐体验，影响他们的决策满意度以及消费意愿（Raghuathan and Corfman, 2006；Fisher et al., 2011；张晓丹等，2018）。因此，在营销实践中，越来越多的商家开始设计各种鼓励共同消费的活动，如肯德基的"全家桶""第二杯半价"、可口可乐的"分享可乐"活动、中国移动推出的家庭套餐以及旅行团常用的"三人同行，一人免单"活动等。由此可见，共同消费已受到消费者和各行各业的广泛关注。

然而，与如火如荼的共同消费营销实践相比，共同消费的理论研究还相对滞后。近几年，虽然不断有学者关注共同消费领域，并在一定程度上进行了探究，也取得了相应的研究成果，但目前大多数研究集中在二元决策领域，如夫妻间对省时产品的购买意愿（符国群等，2020）和重要的金融决策（Filiatrault and Ritchie, 1980；Kim et al., 2017）、两人间的共同自控决策（Dzhogleva and Lamberton, 2014）以及不同性别间的共同决策（Hasford et al., 2014）等。其次，影响共同消费的因素侧重内部视角，如消费者突出的个人目标（Bryksina, 2020）、自我建构（Wu et al., 2019）和自我监控（Yang et al., 2015）等。最后，共同消费产生的影响多停留在消费者层面，如需求偏好权衡（Wu et al., 2019）、个人导向还是他人导向（Garcia-Rada et al., 2019）、共同消费意愿（Liu and Min, 2020）等。

根据国内外核心及以上期刊文献检索，截至目前尚未发现有学者撰写并发表共同消费综述，开展的实证研究也极为有限，而且国际营销界 Liu 等（2019）发表的理解消费者为他人做选择的理论框架中，仅归纳了共同消费中的一类情景。总之，学界对共同消费的研究还较为缺乏，共同消费的概念还没有清晰详细的界定，共同消费的影响因素及作用效果还有待进一步探究。基于此，本文尝试厘清共同消费的特征、定义及相关概念的区别和分类，梳理归纳出共同消费的"前因—后果变量"框架图，并对未来研究方向进行展望，以期为后续学界和业界开展共同消费研究与营销活动提供参考和指导。

2. 共同消费文献知识结构

本文在中英文主流数据库中进行原始文献检索。在中国知网，以"共同消费""共享消费""共同决策""为他人做选择"和"家庭购买决策"为主题和关键词进行检索；在 WOS、EBSCO、ProQuest、Wiley 等外文数据库，以"joint consumption""shared consumption""joint decision""choices for others"和"family purchase decision-making"为篇名和关键词进行检索。查阅文献过程中剔除与共同消费关联不高的参考文献，最终 1970—2020 年共检索到 30 篇核心学术论文，其中英文 29 篇，中文仅 1 篇，部分文献知识结构示例见表 1。

由表 1 可见，共同消费的研究早期，学者们主要关注共同消费决策（joint-purchasing decisions），研究问题主要是夫妻双方如何制定重要的家庭决策以及影响共同决策的因素。而在 2012 年 Simpson 等人正式明确关系化决策的概念，并指出传统消费者决策的相关研究决策情景单一，且更多关注于决策者本身，忽视了他人的影响。基于此，他们将消费决策的影响来源划分为决策者个人影响和他人的影响。在 Simpson 等（2012）研究的基础上，Gorlin 和 Dhar（2012）根据决策阶段和使用阶段，将关系化决策进行细分，进一步拓宽了关系化决策的情景。之后不同关系间的共同消费开始受到学者广泛关注和探讨。本文搜集到的 30 篇核心文献的研究内容互有交叉，其中共同消费的研究主题主要包括三个方面：消费决策（23 篇）、消费体验（2 篇）和偏好权衡（5 篇）。共同消费类型按主体决策方式可以归为两个方面：单边决策（6 篇）和共同决策（25 篇）（Liu and Min，2020）；按消费场景可以归为三个方面：家庭场景（20 篇）、工作场景（6 篇）和社交场景（17 篇）；按主体间的关系可分为：夫妻（14 篇）、情侣（7 篇）、朋友（18 篇）和同事（5 篇）。

表 1　　　　　　　　　　　　　　共同消费研究知识结构示例

作者 （年份）	期刊 （级别）	研究主题	共同消费类型
Liu 和 Min （2020）	Journal of Marketing Research （UTD24，FT50）	消费角色、偏好表达不对称	朋友、餐馆选择
Bryksina （2020）	Journal of Consumer Psychology （FT50）	单边决策、显著目标	朋友、共享产品选择
Liu、Dallas 和 Fitzsimons （2019）	Journal of Consumer Research （UTD24，FT50）	关系聚焦接收者聚焦、接收者偏好、偏好平衡	情侣、夫妻、朋友、同事、餐馆选择、家庭晚餐选择、会议饮料选择
Wu、Moore 和 Fitzsimons （2019）	Journal of Consumer Research （UTD24，FT50）	单边决策、偏好平衡	朋友、红酒购买决策
Hasford、Kidwell 和 Lopez-kidwell（2018）	Journal of Consumer Research （UTD24，FT50）	关系形成/维持动机、共同决策	情侣、共同食物决策
Etkin （2016）	Journal of Marketing Research （UTD24，FT50）	关系时间感知、选择多样性	夫妻、情侣、朋友、周末活动安排
Delre、Broekhuizen 和 Bijmolt（2016）	Journal of Marketing Research （UTD24，FT50）	共同消费、产品生命周期	朋友、家人、一起看电影决策
Ratner 和 Hamilton （2015）	Journal of Consumer Research （UTD24，FT50）	共同消费、享乐体验	朋友、共同参加享乐活动
Yang、Chartrand 和 Fitzsimons（2015）	International Journal of Research in Marketing（SSCI）	印象管理、性别角色期望	朋友、共同消费活动决策
Epp、Hope 和 Price （2014）	Journal of Marketing （UTD24，FT50）	家庭消费行为、品牌忠诚	家庭、品牌、产品、服务消费

续表

作者 （年份）	期刊 （级别）	研究主题	共同消费类型
Gorlin 和 Dhar （2012）	Journal of Consumer Psychology （FT50）	情境因素、决策类型	两人、餐馆选择决策，周末旅行策划
Simpson、Griskevicius 和 Rothman（2012a/b）	Journal of Consumer Psychology （FT50）	关系化决策概念、关系化决策分类	情侣、朋友、同事、关系中的决策
Fisher、Grégoire 和 Murray （2011）	Journal of Consumer Psychology （FT50）	消费者权力、共同消费满意度	不同关系强度的两人、餐馆选择满意度
Belk （2010）	Journal of Consumer Research （UTD24，FT50）	共享家庭资源	家庭、共享资源
Su、Fern 和 Ye （2003）	Journal of Marketing Research （UTD24，FT50）	家庭购买决策行为	夫妻、家庭购买决策
Corfman 和 Lehmann （1987）	Journal of Consumer Research （UTD24，FT50）	群体决策过程、家庭购买决策	夫妻、产品选择决策
Davis （1970）	Journal of Marketing Research （UTD24，FT50）	丈夫—妻子角色、消费决策	夫妻、消费决策
符国群、姜海纳、张晓丹（2020）	管理世界 （CSSCI）	家庭购买决策、省时产品	夫妻、省时产品购买意愿

资料来源：依据相关文献整理得到。

3. 共同消费的定义特征、相关概念区别及分类

3.1 共同消费的定义特征

关于共同消费的概念界定，以往文献均是以具体的情景为例展开研究，未曾见到有学者给予清晰详细的定义。例如：早期的家庭决策，已婚夫妻共同决策购买房子、汽车和昂贵的家具（Munsinger et al.，1975；Shuptrine and Samuelson，1976；Woodside，1975），做出重要的金融决策以及对省时产品的购买意愿等（Menasco and Curry，1989；符国群等，2020）；现在的朋友、情侣之间的共同消费，如朋友聚餐时，需要你挑选一瓶共享的葡萄酒，对自身和他人偏好的权衡（Wu et al.，2019）；情侣日常生活中，其中一人做决策选择和伴侣共享的食物，共同消费和分离消费对消费者决策的影响（Garcia-Rada Anik and Ariely，2019）。

通过对这些文献的分析，本文发现共同消费的研究视角主要有以下两类：一是参与消费的群体

共同决策，决策结果由群体成员共享（如两个消费者共同决定去某个餐馆吃饭）；二是群体中的少数成员作为代理人，为这个群体随后一起消费的产品做出决策（Marchand，2014）（如一人为自己和同伴策划一场周末旅行）。研究初期，学者们更关注群体间的共同决策、消费者的共同参与，以及最终达成一致意见，并且共同体验他们的决策结果；之后，学者关注到在共同消费过程中，消费者除了共同决策，还经常会代表自己和他人做单边决策。根据决策阶段和消费阶段的不同，将关系化决策情景划分为四类：共同决策共同消费、单人决策共同消费、共同决策单人消费和单人决策单人消费（Gorlin and Dhar，2012）。遗憾的是，在这四类情景下，学者们仅研究了两人间的共同消费，并未探讨两人以上数量的共同消费。而后，有学者根据选择者的社会聚焦和选择者对消费偏好的考虑两个维度，提出了一个 2×2 的框架模型，并界定出四个为他人做决策的场景（Liu et al.，2019）：赠送礼物（gift-giving）、共同消费（joint consumption）、日常恩惠/购买（everyday favors/pick-ups）、看护（caregiving）。

纵观共同消费的研究现状，虽然以往文献对共同消费场景的描述和说明都很具体，但并没有从理论上对共同消费给予清晰详细的界定。因此，结合文献及实践，本文归纳出共同消费的三个关键特征：第一，购买决策阶段，少数成员代替他人决策或消费成员共同决策，产品或服务的购买由消费成员共同承担。第二，购后使用阶段，消费成员平等享有产品或服务的所有权和使用权。第三，购后评价阶段，消费成员共同分享消费中的喜乐，并对产品或服务做出评价。综上所述，本文将共同消费界定为：多人一起进行消费的活动，在此过程中，大家共同参与购买、使用或体验，并产生分享产品或服务评价及情感等互动交流的行为。

3.2　共同消费与相关概念的区别

共同消费与结伴购物、网络拼团既有联系又存在本质的区别，如表 2 所示。

关于结伴购物，学界的定义并不多见，代表性研究认为：结伴购物是消费者和其他人一起参与购买活动或是在他人的陪同下惠顾零售店的行为，消费者在此过程中可能只是惠顾，并不发生购买行为，也可能产生冲动性的计划外购买（花建锋等，2016）。而关于网络拼团，学界的定义有很多，代表性研究认为：从消费者视角来看，网络拼团是通过互联网把消费者的相同需求进行收集，从而使购买数量大量增加而提高自身的议价能力，以实现团体价格优惠或商品折扣的目的（Anand，2003；Kuan，2014）。从企业视角来看，网络拼团主要是指企业利用价格优势来获取竞争力，能吸引对价格敏感的消费者（Cheng and Huang，2013）。

以此为参考，结合共同消费的定义和特征，发现它们的联系与区别如下：

第一，参与人数。结伴购物、网络拼团与共同消费都是两人及以上参与消费过程。

第二，消费场合。结伴购物和共同消费均可在线上和线下进行，网络拼团主要在线上进行。

第三，消费过程。结伴购物中，陪伴者并没有纳入后续的购买和消费体验，因此只有购买者单独购买、使用和体验产品；网络拼团中，成员仅一起参与拼团获得商品低价，后续过程中消费者单独使用或体验产品；但共同消费过程中，消费者会共同参与购买、使用或体验。

第四，购买决策阶段。结伴购物过程中，购买者做决策和出资，陪伴者仅是决策的参考者或影响者；网络拼团过程中，每个参与者单独决策和出资；共同消费过程中，少数成员代替他人决策或消费成员共同决策，产品或服务的购买由消费成员共同承担。

第五，购后使用阶段。结伴购物过程中，购买者享有产品或服务的所有权和使用权；网络拼团过程中，参与拼团者单独享有产品或服务的所有权和使用权；但在共同消费过程中，消费成员平等享有产品或服务的所有权和使用权。

第六，购后评价阶段。结伴购物和网络拼团中，都是购买者单独进行评价；但共同消费过程中，消费成员会共同分享消费中的喜乐，并对产品或服务做出评价。

表 2 三种消费方式的联系与区别

		共同消费	结伴购物	网络拼团
定义区别	参与人数	两人及以上	两人及以上	两人及以上
	消费场合	线上线下	线上线下	线上
	消费过程	共同参与购买、使用或体验	购买者单独购买、使用或体验	共同参与拼团砍价、单独使用或体验
关键特征	购买决策阶段	少数成员代替他人决策或消费成员共同决策，产品或服务的购买由消费成员共同承担	购买者决策和出资、同伴辅助决策	参与拼团成员单独决策和出资
	购后使用阶段	消费成员平等享有产品或服务的所有权和使用权	购买者享有产品或服务的所有权和使用权	拼团者单独享有产品或服务所有权和使用权
	购后评价阶段	消费成员共同分享消费中的喜乐，并对产品或服务做出评价	购买者单独评价	拼团者单独评价

资料来源：依据相关文献整理得到。

3.3 共同消费的分类

由于研究目的和研究情景不同，共同消费在形式和内容上也不尽相同，本文根据共同消费的参与人数，将共同消费划分为两大类：两人间的共同消费和群体间的共同消费。

3.3.1 两人间的共同消费

在两人共同消费场景中，现有研究从两人间的关系探讨了影响共同消费的因素及不同关系间的决策方式。

首先，参与消费的两人性别会影响决策方式。例如，与男性—男性组合相比，男性—女性和女性—女性组合的共同消费更可能选择折中（Nikolova and Lamberton，2016）。而当决策无法折中时，消费者会为了维持和同伴之间的关系而妥协（Dzhogleva and Lamberton，2014）。

其次，两人间不同的人格特质也会影响共同的消费决策。例如，与均是低自制力的两人组相比，均是高自制力的两人组会做出更少的放纵选择，混合组和两个均是低自制力的两人组之间没有差异（Dzhogleva and Lamberton，2014）。

最后，两人间的关系会影响消费者之间的决策。夫妻之间的关系质量会影响消费决策的满意度（Collins and Read，1990）。衰老和长寿的研究文献表明，人们会监控时间的流逝，特别关注未来剩余的时间。因此，在承诺关系中，消费者对关系时间感知也会影响两人对消费活动种类的选择（如吃晚餐、看电影和听音乐会，还是去看几部不同的电影）；而朋友间的关系导向、关系强度以及关系亲密程度，会相互作用共同影响消费者决策的满意度（Fisher et al.，2011）。

前面探讨的都是共同决策产生的影响，事实上，与共同决策不同的是，单边决策时，消费者间常常会考虑彼此的偏好并做预测，当同伴间的偏好差异比较大时，人们的注意力会转移到同伴的喜好上，此时预测会更准确（West，1996）。但大多数情况下，即使在夫妻之间，消费者进行伴侣偏好预测也是十分困难的，有调查表明：只有53%的夫妻能更准确预测对方的偏好（Davirs et al.，1986），其中关系的持续时间以及亲密度均不能提高预测的准确性（Swann and Gill，1977；Kenny and Acitelli，2001）。原因在于：一方面人们会把自己的喜好和伴侣的喜好混淆，无意识地将自己的喜好投射到伴侣的喜好上；另一方面人们高估了自己对伴侣偏好的了解程度，而且会依赖自己大脑中已有的信息进行判断，这些信息有可能与具体的预测并无关系。偏好预测的准确性会影响群体成员的满意度，因此，关注消费决策前的偏好预测并开展进一步探究是非常有必要的。

3.3.2　群体间的共同消费

在群体消费情境中，现有研究从社会场景的视角探讨了影响家庭群体和同事群体的决策因素及其可能的决策方式，不同的群体成员扮演着不同的角色。

首先，在家庭场景中，经常会有一个人代表一个家庭做出消费决策，如超市购物（Wind，1976；姚琦和符国群，2017）。在家庭消费的主导性上，丈夫或妻子倾向于主导能凸显决策角色的产品类别（Davis and Rigaux，1974），但丈夫在各种产品类别中的主导地位似乎一直存在（Bonds-Raacke，2006）。在比较资源理论的基础上，Lee 和 Beatty（2002）认为对家庭经济贡献更多的母亲相对于经济收入较少的母亲在决策时具有更大的影响力；幸福的夫妻在共同决策时往往融合双方的观点，而不幸福的夫妻在共同决策时常常固执己见（Barsade et al.，2002）。

其次，在娱乐场景中，家庭成员会在闲暇时间进行共同的休闲活动，比如去参观动物园（DeVault，2000），选择家庭成员可以一起参与的棋盘游戏（Epp et al.，2014）；在日常杂货的购买过程中，父母的就业状况会正向影响青少年对家庭耐用品购买的感知（Beatty and Talpade，1994）。也有学者研究表明，尽管父母在家庭中有最终的决策权，但孩子作为家庭的一员，也会影响家庭的决策，比如，孩子会影响家庭早餐食物的选择（Nrgaard and Bruns，2011）。

最后，在工作场景中，许多产品的决策并不是群体成员共同决定的，而是由某个岗位的特定人员或者公司聘请的指导活动的代理购物者（surrogate shopper），其作为群体中的一员并代表整个群体做出共同消费的产品决策。而在代表群体做决策过程中，预测和权衡其他群体成员的偏好，是决策过程中的重要一环，但在群体消费中，决策者并不会对每个同伴的偏好都很了解，因此对同伴偏好的预测也更加困难，尤其是对于体验性产品，如看电影、定餐厅等（Heening-Thurau et al., 2012）。即使在询问的过程中，也会由于询问者和回应者关注的聚焦不同，从而影响偏好表达的不对称（Liu and Min, 2020）。由此可见，在群体决策的背景下，让一个人代表团体来预测其他群体成员的偏好进行活动决策，是一项非常具有挑战性的任务，现有的研究还非常有限。

4. 共同消费的前因变量

本文主要从情景因素、群体特征、个人特质及人口统计变量及其他四个方面对共同消费的前因变量进行了梳理。

4.1 情景因素

影响共同消费的情景因素主要包括感知关系时间和相对决定权。Etkin（2016）研究表明，在恋人或朋友关系中，消费者感知到两人未来剩余时间越长，他们越偏好体验多样化的活动。因为未来剩余时间越长，消费者会越重视乐趣，而增加消费者与同伴共同参与活动的多样性可以为这段关系创造更多的乐趣。另外，消费者之间的相对决定权会对共同消费决策满意度产生影响。只有共同消费的两位参与者之间具有竞争决策导向、弱关系或匿名关系，并且所做的决策可行时，拥有决定权的消费者才能增加共同消费决策的满意度。而具有合作取向的参与者无论是否拥有权力，以及最终的选择是否与他们的偏好一致，他们的满意度都比较高，因为合作创造了一种相互信任和支持的氛围（Fisher et al., 2011）。

4.2 群体特征

在群体特征方面，群体规模和关系质量是主要影响因素。从群体规模来看，群体规模的大小会影响消费者对自己和他人偏好的权衡。对于较小的群体，独立型自我的消费者会做出平衡自己和他人偏好的选择；而对于较大的群体，他们会更倾向于选择自己偏好的产品。而对于关系质量，已有学者探究了夫妻、情侣以及孩子之间的关系质量对群体决策的影响。在关系质量高的情况下，群体成员更容易原谅决策人的失误；而在关系质量低的情况下，决策者则需要考虑和权衡更多的因素（Collins and Read, 1990; Parker and Asher, 1993; 李晓等, 2010）。

4.3 个人特质

在个人特质方面，现有研究主要探讨了自我监控、自我建构、自我控制、利己/利他导向和依恋定向对共同消费决策的影响。

首先，自我监控和自我建构都是影响共同消费产品选择的重要因素。自我监控程度高的人更注重通过产品传达良好的自我形象，因此选择产品时，会更多考虑同伴的偏好和需求（Snyder and Debono，1985；Yang et al.，2015）。但自我建构类型不同的消费者因对他人的关注程度不同，而使最终的决策存在差异。研究表明：与独立型自我的消费者相比，互依型自我的消费者在决策时总会平衡自己和他人的偏好，因为互依型消费者在消费过程中对他人的关注程度更高（Wu et al.，2019）。

其次，消费者的自制力也会影响共同的自我控制决策。均是高自制力的两人组相比混合组及均是低自制力的两人组会做出更少的放纵选择（Dzhogleva and Lamberton，2014）。从利己/利他导向来看，如果参与决策的两人一人是利己主义，一人是利他主义，这样的二人组在决策时便不容易产生冲突；如果两人都是利己主义或利他主义，对于利他主义的消费者，当他的伙伴也喜欢同样的共同消费产品时，他们会更喜欢选择的产品；利己主义的消费者则可能不会。但是，这些还需要进一步的实验来证明其作用机制和可能产生的结果。

最后，从依恋定向来看，不同依恋定向的个体以独特的方式评估和应对压力。当恋人之间表现出潜在的破坏行为时，逃避型依恋的个体会以更加具有防御性和破坏性的方式进行回应；而焦虑型依恋的个体会反思最坏情况下的关系结果，倾向于采取依附和控制的行为，来更好地维持和伴侣间的关系。简单而言，依恋定向可以预测消费者的适应性，焦虑型依恋的消费者比回避型依恋的消费者更愿意适应伴侣的偏好（Simpson et al.，2012a，2012b）。

4.4　人口统计变量及其他

在人口统计变量方面，现有研究主要探究了性别对共同消费决策产生的影响。性别不仅会影响共同消费双方的饮食模式，而且也会影响消费者的共同决策方式。具体而言，在不同的关系动机下，伴侣之间的饮食模式会相互影响。当关系形成动机活跃时，女性更易受到男性饮食模式（健康/不健康）的影响；当关系维持动机活跃时，男性更易受到女性饮食模式的影响（Hasford et al.，2018）。此外，不同的性别组合决策方式也不同，女—女和混合性别的两人组趋向折中的选择，而男—男两人组趋向更极端的选择，因为男性在决策时更想展现自身的男子气概，所以会采取和女性规范不同的行为（Yang et al.，2015）。

除此之外，消费模式和消费角色也会影响共同消费决策和偏好表达。消费模式是指个体之间可以一起（如面对面）或分离（如在不同的时间或地点）消费物品。研究表明在恋人关系中，消费者面对面消费共享的产品时，消费者会放弃自己喜欢的产品，而选择与伴侣偏好更一致的产品；而当分离消费时，则会选择自身偏好的产品（Garcia-Rada et al.，2019）。消费角色是指基于共同消费过程中谁是询问者和谁是共同消费偏好的表达者，定义了询问者和回应者角色。研究表明询问者和回应者角色关注的焦点不同，因此会造成共同消费偏好表达不对称（Liu and Min，2020）。

虽然现有文献分析了情景因素、群体特征、个人特质、人口统计变量及消费模式和消费角色对共同消费的影响，但是这些变量多是从消费者自身的特性层面进行的研究，对企业层面和社会文化层面的影响关注较少，并且在人口统计学变量上除了性别之外，并未对其他变量进行探究。

5. 共同消费的后果变量

5.1　共同消费对消费者心理的影响

共同消费对消费者心理的影响主要表现在情感、满意度和消费意愿三个方面。

首先，在情感方面。当与他人一起消费时，如果消费者感觉场合并不是很合适，他们更倾向于压抑自己的偏好，并且更关注社会体验，如恋人更关注电影中的恋爱场景（Ramanathan and Megill，2007）；而社会体验也会反过来影响消费者在共同消费时的享乐体验，当个体与同伴之间对享乐体验的评价一致时，共同消费相比独自消费会获得更好的享乐体验，拥有加倍的快乐；相反，如果评价不一致，就会降低共同的享乐体验（Raghuanthan and Corfman，2006）。

其次，在满意度方面。共同消费决策现场高度相关的变量，参与者的决策定向、相对权利、偏好差异以及最终选择的可用性会共同作用影响消费决策的满意度，具有合作倾向或强关系的消费者，即使他们不能代表二人组做出决策，最终的决策和他们最初的偏好也不一致，他们也会感到满意；而具有竞争倾向或弱关系的消费者，拥有相对权力的一方做出自己偏好的决策，并且决策结果可以实现的情况下，会提高共同消费决策的满意度，因为对具有竞争性决策取向的参与者来说，他们更看重结果（Fisher et al.，2011）。

最后，在消费意愿方面。与独自消费相比，共同消费时，消费者会有更强的消费欲望，同时由于同伴的存在也会降低对自我的约束力，从而会有更高的放纵消费意愿（李媛和张广玲，2019）。

5.2　共同消费对消费者行为的影响

现有研究对消费者购买行为的影响主要体现在企业产品层面，包括消费者选择活动的多样性、建议的产品类型以及对新产品生命周期的影响。在承诺关系中，消费者经常需要考虑为共同消费做决策。Etkin（2016）研究发现，共同消费选择活动类型的多样性会受到关系中时间感知的影响，当消费者在关系中感知到更多的时间时，他们倾向选择更多样性的活动，比如吃晚餐、看电影和听音乐会，而不是看几场不同类型的电影。此外，在消费决策前，消费者的印象管理也会在同性别和混合性别的情况下影响消费者共同消费产品的类型（Yang et al.，2015），选择者是否考虑了同伴的偏好以及自身的品位等，这些信息会通过共享产品选择传递给他人。因此，注重印象管理的消费者在对共同消费的产品提出建议时，更在意通过建议产品传递的自我印象，因此更可能选择能满足同伴需求和偏好的产品类型。此外，在电影行业中，共同消费对新产品的生命周期也会产生重大影响。观影者在选择电影时，会受到广告（外部影响）和口碑（内部影响）的双重影响，但研究表明，消费者会因为有无同伴陪同而改变自己的行程，比如，为了和同伴一起观看而提前自己的观影计划，在电影将要下映时，如果一直没有找到合适的同伴，就会放弃观看这部电影，也就是说消费者更注重共同消费而不是内外部产生的影响，从而会使产品的生命周期呈现前期快速增长、后期急速下降的趋势（Delre，2016）。

虽然现有文献分析了共同消费对消费者心理和行为产生的影响，但相关文献的研究范围极为有限，心理层面主要聚焦在情感、满意度和消费意愿上，而对消费者行为的影响也仅停留在产品多样性和类型的选择上。未来可在此基础上进一步拓展，如共同消费对品牌依恋、产品评价以及个性化产品、地位产品的选择等等。

6. 共同消费前因—后果变量框架总结

总体来看，现有研究为后续的学者提供了思路和方向，但对共同消费的探索还存在很大不足。本文立足于共同消费现有文献，归纳整理出共同消费的"前因—后果变量"框架（见图1），希望能对未来研究提供整体性的参考。

具体而言，共同消费根据主体决策方式的不同可以分为两类：单边决策和共同决策。共同消费的前因变量按情景因素、群体特征、个人特质、人口统计变量及其他归纳为四大类；共同消费的后果变量按消费者心理和行为归纳为两大类。

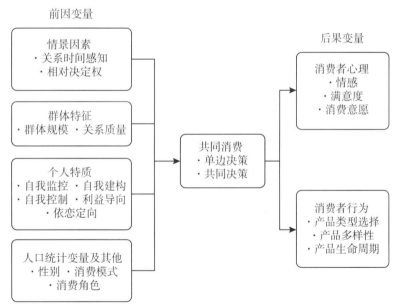

图1　共同消费"前因—后果变量"框架图

7. 共同消费的未来研究展望

本文主要从共同消费相近概念的联系和区别、共同消费的分类、前因变量及后果变量等几个方面，对共同消费以往研究进行了系统的讨论和分析，归纳出共同消费的三个关键特征，并对其进行定义，为以后学界和业界开展共同消费研究和实践活动提供参考和指导。目前学者主要从消费人数（两人还是多人）、性别（男男、女女、男女混合）以及消费者间的关系（夫妻、情侣还是朋友）三大方面切入对共同消费的不同情景进行了探究。但是，由于共同消费相对于个人消费更加复杂多样，并且该领域尚处于发展阶段，仍有许多问题亟待解决。基于已有研究成果，本文从影响共同消费的因素、共同消费对消费者心理和行为的影响、共同消费的情绪感染效应、线上共同消费以及共同消费的本土化研究五个方面对未来研究进行展望。

7.1 影响共同消费的因素

如图 1 所示，无论消费者外在的情景因素、群体特征还是内在的个人特质和人口统计变量及其他，都会在共同消费过程中产生影响，但目前对影响共同消费的因素和其内在机制的探究还非常局限。

首先，共同消费的选择是关系导向的，而选择者通常意识到这些选择会在很大程度上影响他们与共同消费者之间的关系。但目前对消费者关系的探究多是从夫妻、情侣、朋友及同事等亲疏水平关系的分析，未来可以关注长辈与晚辈、领导与下属等尊卑垂直关系在共同消费过程中的决策差异。

其次，消费者个人特质在共同消费决策过程中也有着举足轻重的作用。个人特质可以反映人自身的规律性和一致性，影响消费行为（李先国等，2012）。虽然已有研究认为，利己/利他导向和依恋定向都会在共同消费过程中产生影响。利他主义的消费者更能感知他人的感受（王潇等，2010），可能更倾向与同伴选择一致的产品。焦虑型依恋比回避型依恋更愿意适应同伴的偏好。但目前的研究只进行了定性的分析，缺乏定量的探究，未来仍需在此基础上深入剖析其对共同消费决策的影响及其内在的作用机制。

再次，人口统计变量影响共同消费。性别受到当前学者的重点关注，并探究了不同性别的共同消费者在决策方式和产品选择上的差异。但种族、年龄、收入和受教育程度也会影响消费者在共同消费决策中的角色，它们又会通过什么机制影响消费者决策，未来可进一步探究。

最后，共同消费角色影响共同消费。已有学者探究了询问者和回应者角色在偏好表达时的差异。除此之外，共同消费中还有许多其他角色值得关注。比如，在日常生活中，共同消费时会有活动的发起者和买单者的角色，以及具有丰富经验的推荐者和决策者，未来可分析不同共同消费角色会如何影响偏好表达和共同消费决策。

7.2 共同消费对消费者心理和行为的影响

与个人消费不同，共同消费的消费者之间会相互影响，对其心理和行为进行探究有一定的复杂性。未来研究可以从以下两个方面展开。

第一，共同消费对消费者心理的研究。现有研究认为，共同消费会提升消费者的兴奋感和愉悦感（Delre et al.，2016），决定权会影响消费者的满意度（Fisher et al.，2011），同伴的偏好表达会影响共同消费者之间的消费意愿。然而，这些都是消费者层面的影响，尚未有研究关注到企业层面的影响。比如：共同消费是否会影响消费者的品牌态度？共同消费时，商家服务失败如何补救会改善消费者的评价？未来学者可以从不同层面对消费者的心理进行探究，进一步拓宽共同消费的研究。

第二，共同消费对消费者行为的研究。现有研究认为，承诺关系中的时间感知会影响消费者选择产品的多样性（Etkin，2016），印象管理会使消费者推荐同伴偏爱的产品类型（Yang et al.，2015），是否有同伴陪同会改变消费者看电影的行程（Delre，2015）。但是，对产品的选择多是基于同伴间偏好的权衡，并没有从产品本身的分类标准进行考量。比如：学者根据消费者购买前的利益诉求（实用主义和享乐主义）将产品分为实用品和享乐品。那么，不同关系亲密度的消费者如何在实用品和享乐品之间进行选择？另外，未来还可以探究共同消费和独自消费对消费者的消费倾向影响，即如何在自律物和放纵物之间做出选择。共同消费时，消费者是选择一起自律还是一起放纵？什么情况下选择自律？什么情况下选择放纵？除了对产品类型的选择行为，还可探究共同消费是否会影响消费者的亲社会行为、环保行为以及对促销活动的分享行为。这将是对共同消费相关研究的有益补充。

7.3　共同消费的情绪感染效应

情绪感染是个体在交互过程中，可以通过捕捉他人的情绪来感知周边人的情感变化（王潇，2010）。在社会情境中，个体具有自动和持续的模仿和同步于他人的表情、声音、姿势和动作的倾向性，最终产生一致的情绪体验（Hasford et al.，2015）。这种一致的情绪体验能影响个体的态度、评价及行为决策（Hatfield and Rapson，1993）。共同消费是两人及以上消费者之间的互动，并且受到不同关系强度的影响，因此消费者之间的情绪更容易相互感染。研究表明，当个体与同伴对产品评价一致时，共同消费相比单独消费有更好的享乐体验，使消费者获得加倍的快乐（Raghuanthan and Corfman，2006）。当个体与同伴对消费产品评价不一致时，也会由于模仿效应和情绪感染，使即时评价趋于一致（Ramanathan and Mcgill，2007）。虽然共同消费的现有研究已经关注到了情绪感染效应，但对其影响效果和机制的探究还极其匮乏。本文认为未来在共同消费领域对情绪感染的研究可以从以下三个方面展开。

第一，共同消费的关系特征（关系强度、关系质量）影响。关系强度和关系质量都会影响情绪感染效果。更熟悉和关系质量更好的个体之间更容易把情绪传递给对方，那么关系强度、关系质量不同的消费者之间进行共同消费时，情绪感染会如何影响消费者的态度和决策？

第二，共同消费过程中消费者特质（情绪敏感度）的影响。学者发现，女性比男性对情绪更加敏感（Hatfield and Rapson，1993），那么情绪敏感度不同的个体进行共同消费时，消费者对产品的评价和选择会有什么差异？

第三，共同消费过程中情绪特征（情绪效价、情绪表达强度）的影响。研究表明，消极情绪比积极情绪更容易感染（Barsade，2002）。情绪表达强度会对相同效价的情绪产生不同的感染效果，高强度表达的情绪比低强度表达的情绪更容易感染。那么不同的情绪效价和表达强度会如何影响共同消费者的态度、评价以及行为决策呢？

7.4 线上共同消费

网络技术的发展，让消费者之间的交流从面对面转向线上交流，消费者可以通过社交媒体聊天或者依靠应用程序投票来决定共同消费活动，结果可能会与传统的口头交流产生差异。群体共同消费的研究表明，共同消费者的偏好预测和权衡在决策过程中非常重要，但决策结果要达到每位群体成员满意显然也是十分困难的，与一人代表共同消费者做决策相比，群体成员共同参与决策，会增加决策的复杂性。那么两种决策方式如何影响共同消费者的总体满意度，目前尚没有清晰的答案。线上共同消费成员之间该如何分配每个人的职责？如何解决冲突的不一致？日常生活中，人们会尽量做到最大化满意或最小化不满意。那么，不同群体类型应该使用哪个原则？在什么时候用？线上和线下决策有什么差异？未来可深入探究。

7.5 开展共同消费的本土化研究

共同消费具有重要的社会属性，因此，更易受到社会和文化因素的影响，而现有研究多是以西方文化为背景，以个人主义为导向，更加注重个性化特征，共同消费中更加独立和自主；而东方国家多以集体主义为导向，个体更关注他人和集体（Markus and Schwartz, 2010）。比如，西方国家在聚餐时经常会采取 AA 制，而东方国家的消费者更倾向于请客，或者轮流买单。虽然轮流买单好像是一种变相的 AA 制，但被东方消费者更加广泛地接受和喜欢，那么，社会规范和传统文化在其中是如何产生影响的呢？

此外，也可以从本土文化心理探究共同消费的影响因素。人情和面子是学界普遍认同的中国文化体系中比较独特的两大特征。因此，消费者的心理因素面子（汪涛和张琴，2011）、个性消费（王长征和崔楠，2011）、地位消费（杜伟宇和许伟清，2014）等均会对消费者决策产生影响。以往也研究表明消费者的个体特征以及群体特征都会影响消费者决策（Qualls, 1987），但随着社会的不断进步，这些研究需要进一步拓展和深化，尤其对于人情、面子和恩惠等这些重要的本土文化元素，探究它们对共同消费的影响，不仅可以丰富影响共同消费的心理因素，也有助于企业更好地制定相应的营销策略。

◎ **参考文献**

[1] 杜伟宇, 许伟清. 中国情境下权力对炫耀性产品购买意愿的影响：面子意识的中介效应 [J]. 南开管理评论, 2014, 17 (5).

[2] 符国群, 姜海纳, 张晓丹. 家务时间配置如何影响夫妻对家庭省时产品的购买 [J]. 管理世界, 2020, 36 (10).

[3] 花建峰, 师华肖, 孙为政等. 消费者结伴购物行为研究综述及未来研究方向的探索 [J]. 西北工业大学学报（社会科学版), 2016, 36 (1).

［4］李先国，杨静，刘雪敬. 时间压力和参照群体对消费者网络团购意愿的影响［J］. 中国软科学，2012（4）.

［5］李媛，张广玲. 面对共同消费，个体更易放纵自我吗？——基于自我控制的双处理框架［D］. 武汉大学，2019.

［6］刘建新，范秀成，李东进. 共享产品与不道德行为——基于有调节的多重中介模型［J］. 珞珈管理评论，2020（4）.

［7］王长征，崔楠. 个性消费，还是地位消费——中国人的"面子"如何影响象征型的消费者品牌关系［J］. 经济管理，2011，33（6）.

［8］汪涛，张琴. 为什么消费者会感觉到有面子？——消费者面子及其感知机制研究［J］. 经济管理，2011，33（7）.

［9］王潇，李文忠，杜建刚. 情绪感染理论研究述评［J］. 心理科学进展，2010，18（8）.

［10］姚琦，符国群. 中国城镇家庭发展类文化消费决策行为的影响因素模型——基于扎根理论的探索性研究［J］. 珞珈管理评论，2017（2）.

［11］张晓丹，符国群，李世豪. 家务劳动时间配置研究：回顾与展望［J］. 珞珈管理评论，2018（4）.

［12］Anand，K. S.，Aron，R. Group buying on the web：A comparison of price-discovery mechanisms［J］. Management Science，2003，49（11）.

［13］Barsade，S. G. The ripple effect：Emotional contagion and its influence on group behavior［J］. Administrative Science Quarterly，2002，47（12）.

［14］Beatty，S. E.，Talpade，S. Adolescent influence in family decision making：A replication with extension［J］. Journal of Consumer Research，1994，21（2）.

［15］Berger，J.，Rand，L. Shifting signals to help health：Using identity signaling to reduce risky health behaviors［J］. Journal of Consumer Research，2008，35（3）.

［16］Bonds-Raacke，J. M. Using cluster analysis to examine husband-wife decision making［J］. Psychological Record，2006，56（4）.

［17］Brown，T. J.，Mowen，J. C.，Donavan，D. T.，et al. The customer orientation of service workers：Personality trait effects on self- and supervisor performance ratings［J］. Journal of Marketing Research，2002，39（1）.

［18］Bryksina，O. When and why choices for others diverge from consumers' own salient goals［J］. Journal of Consumer Psychology，2020，30（4）.

［19］Cheng，H. H.，Huang，S. W. Exploring antecedents and consequence of online group-buying intention：An extended perspective on theory of planned behavior［J］. International Journal of Information Management，2013，33（1）.

［20］Collins，N. L.，Read，S. J. Adult attachment，working models，and relationship quality in dating couples［J］. Journal of Personality and Social Psychology，1990，58（4）.

［21］Davis，H. L.，Hoch，S. J.，Ragsdale，E. K. E. An anchoring and adjustment model of spousal predictions［J］. Journal of Consumer Research，1986，13（1）.

［22］Davis, H. L., Rigaux, B. P. Perception of marital roles in decision processes ［J］. Journal of Consumer Research, 1974, 1（1）.

［23］Delre, S. A., Broekhuizen, T. L. J., Bijmolt, T. H. A. The effects of shared consumption on product life cycles and advertising effectiveness：The case of the motion picture market ［J］. Journal of Marketing Research, 2016, 53（4）.

［24］DeVault, M. L. Producing family time：Practices of leisure activity beyond the home ［J］. Qualitative Sociology, 2000, 23（4）.

［25］Dzhogleva, H., Lamberton, C. P. Should birds of a feather flock together? Understanding self-control decisions in dyads ［J］. Journal of Consumer Research, 2014, 41（2）.

［26］Epp, A. M., Schau, H. S., Price, L. L. The role of brands and mediating technologies in assembling long-distance family practices ［J］. Journal of Marketing, 2014, 78（3）.

［27］Etkin, J. Choosing variety for joint consumption ［J］. Journal of Marketing Research, 2016, 53（6）.

［28］Filiatrault, P., Brent, R. J. R. Joint purchasing decisions：A comparison of influence structure in family and couple decision-making units ［J］. Journal of Consumer Research, 1980, 7（2）.

［29］Fisher, R. J., Yany G., Murray, K. B. The limited effects of power on satisfaction with joint consumption decisions ［J］. Journal of Consumer Psychology, 2011, 21（3）.

［30］Garcia-Rada, X., Anik, L., Ariely, D. Consuming together（vs. separately）makes the heart grow fonder ［J］. Marketing Letters, 2019, 30（1）.

［31］Gorlin. M., Dhar, R. Bridging the gap between joint and individual decisions：Deconstructing preferences in relationships ［J］. Journal of Consumer Psychology, 2012, 22（3）.

［32］Hasford, J., Hardesty, D. M., Kidwell, B. More than a feeling：Emotional contagion effects in persuasive Communication ［J］. Journal of Marketing Research, 2015, 52（6）.

［33］Hasford, J., Kidwell, B., Lopez-Kidwell, V. Happy wife, happy life：Food choices in romantic relationships ［J］. Journal of Consumer Research, 2018, 44（6）.

［34］Hatfield, E., Rapson, C. R. L. Emotional contagion ［J］. Current Directions in Psychological Science, 1993, 2（3）.

［35］Hennig-Thurau, T., Marchand, A., Marx, P. Can automated group recommender systems help consumers make better choices? ［J］. Journal of Marketing, 2012, 76（5）.

［36］Kenny, D. A., Acitelli, L. K. Accuracy and bias in the perception of the partner in a close relationship ［J］. Journal of Personality and Social Psychology, 2001, 80（3）.

［37］Kim, J., Gutter, M. S., Spangler, T. Review of family financial decision making：Suggestions for future research and implications for financial education ［J］. Journal of Financial Counseling and Planning, 2017, 28（2）.

［38］Kuan, K. K. Y., Zhong, Y., Chau, P. Y. K. Informational and normative social influence in group-buying：Evidence from self-reported and EEG data ［J］. Journal of Management Systems, 2014, 30（4）.

［39］Liu，P. J.，Dallas，S. K.，Fitzsimons，G. J. A framework for understanding consumer choices for others［J］. Journal of Consumer Research，2019，46（3）.

［40］Liu，P. J.，Min，K. Where do you want to go for dinner? A preference expression asymmetry in joint consumption［J］. Journal of Marketing Research，2020，57（6）.

［41］Marchand，A. Joint consumption challenges in groups［J］. Journal of Consumer Marketing，2014，31（6/7）.

［42］Markus，H. R.，Schwartz，B. Does choice mean freedom and well-being?［J］. Journal of Consumer Research，2010，37（2）.

［43］Menasco，M. B.，Curry，D. J. Utility and choice：An empirical study of wife/husband decision making［J］. Journal of Consumer Research，1989，16（1）.

［44］Munsinger，G. M.，Weber，J. E.，Hansen，R. W. Joint home purchasing decisions by husbands and wives［J］. Journal of Consumer Research，1975，1（4）.

［45］Nikolova，H.，Lamberton，C. Men and the middle：Gender differences in dyadic compromise effects［J］. Journal of Consumer Research，2016，43（3）.

［46］Nrgaard，M. K.，Brunsø，K. Family conflicts and conflict resolution regarding food choices［J］. Journal of Consumer Behaviour，2011，10（3）.

［47］Parker，J. G.，Asher，S. R. Friendship and friendship quality in middle childhood：Links with peer group acceptance and feelings of loneliness and social dissatisfaction［J］. Developmental Psychology，1993，29（4）.

［48］Qualls，W. J. Household decision behavior：The impact of husbands' and wives' sex-role orientation［J］. Journal of Consumer Research，1987，14（2）.

［49］Raghunathan，R.，Corfman，K. Is happiness shared doubled and sadness shared halved? Social influence on enjoyment of hedonic experiences［J］. Journal of Marketing Research，2006，43（3）.

［50］Raghunathan，S.，Mcgill，A. L. Consuming with others：Social influences on moment-to-moment and retrospective evaluations of an experience［J］. Journal of Consumer Research，2007，34（4）.

［51］Simpson，J. A.，Griskevicius，V.，Rothma，A. J. Bringing relationships into consumer decision-making［J］. Journal of Consumer Psychology，2012a，22（3）.

［52］Simpson，J. A.，Griskevicius，V.，Rothma，A. J. Consumer decisions in relationships［J］. Journal of Consumer Psychology，2012b，22（3）.

［53］Shuptrine，F. K. Samuelson，G. Dimensions of marital roles in consumer decision marketing：Revisited［J］. Journal of Marketing Research，1976，13（1）.

［54］Snyder，M.，Debono，K. G. Appeals to image and claims about quality—Understanding the psychology of advertising［J］. Journal of Personality and Social Psychology，1985，49（3）.

［55］Swann，W. B.，Gill，M. J. Confidence and accuracy in person perception：Do we know what we think we know about our relationship partners［J］. Journal of Personality and Social Psychology，1997，73（4）.

[56] Tu, Y. P., Alex, S., Ayelet, F. The friendly taking effect: How interpersonal closeness leads to seemingly selfish yet jointly maximizing choice [J]. Journal of Consumer Research, 2016, 35 (5).

[57] West, P. M. Predicting preferences: An examination of agent learning [J]. Journal of Consumer Research, 1996, 23 (1).

[58] Wind, Y. Preference of relevant others and individual choice models [J]. Journal of Consumer Research, 1976, 3 (1).

[59] Woodside, A. G. Effects of prior decision-making, demographics and psychographics on marital roles for purchasing durables [J]. Advances in Consumer Research, 1975, 2.

[60] Wu, E. C., Moore, S. G., Fitzsimons, G. J. Wine for the table: Self-construal, group size and choice for self and others [J]. Journal of Consumer Research, 2019, 46 (3).

[61] Yang, L. W., Chartrand, T. L., Fitzsimons, G. J. The influence of gender and self-monitoring on the products consumers choose for joint consumption [J]. International Journal of Research in Marketing, 2015, 32 (4).

Concept Discrimination and Literature Review of Joint Consumption

Wang Xingang[1] Li Xiuxiu[2] Xiang Diandian[3]

(1, 2, 3 School of Business Administration, Zhongnan University of Economics and Law, Wuhan, 430073)

Abstract: As a common type of consumption occurring in life, joint consumption has attracted more and more attention from scholars and managers, but there is still a lack of clear definition and systematic review on it. Therefore, this paper combs the knowledge structure of joint consumption. This paper attempts to define its concept and summarizes three key characteristics: in the purchase decision-making stage, a few members make decisions on behalf of others or consumer members make decisions together, and the purchase of products or services is paid by consumer members together. In the post purchase use stage, consumer members can equally enjoy the ownership and use right of products or services. In the post purchase evaluation stage, consumer members share the joy of consumption and evaluate products or services. At the same time, based on the empirical research in recent years, this paper proposes an integrated model involving the antecedents and consequences of joint consumption. Finally, we propose some feasible research directions based on the framework of joint consumption constructed in this paper.

Key words: Joint consumption; Choice for others; Joint decision making; Preference trade-offs

专业主编: 寿志钢

珞珈 管理评论

2022 年卷第 2 辑（总第 41 辑）

Luojia Management Review

No. 2，2022（Sum. 41）

邻居效应和网络广告点击：
广告类型和广告受众的差异化研究[*]

● 黄敏学[1]　陈智勇[2]　王殿文[3]

（1，2　武汉大学经济与管理学院　武汉　430072；3　中国矿业大学　徐州　221116）

【摘　要】网络广告发挥着越来越重要的作用。但是，以往研究更多是从广告自身视角出发，如网络广告的场景、内容、受众特征、不同投放渠道，以及如何针对网络广告进行个性化定制等。很少有学者分析网络广告的邻居效应，即网络广告的已点击者能提升周围消费者对于网络的点击。作者和国内某著名网络游戏公司合作，以公司自有的网络广告投放平台为基础，向广州市内的 742928 名曝光消费者（以每台设备为唯一识别码）为研究对象，投放两种不同类型的广告（信息型 vs. 情感型），探究不同的广告类型下，邻居效应对于不同类型的消费者（相关产品经验多 vs. 少）都能产生促进作用。借由两个实地实验，本文首先验证了邻居效应确实能够促进消费者对网络广告的点击。进一步，本文发现邻居效应对于情感型网络广告产生的作用更强。之后，作者也分析了消费者类型（相关产品经验多 vs. 少）的调节作用。具体来说，对于相关产品经验多的消费者，情感型广告的邻居效应能产生更大的影响；对于相关产品经验少的消费者，信息型广告的邻居效应能产生更大的影响。

【关键词】网络广告　邻居效应　信息型广告 vs. 情感型广告　相关产品经验多 vs. 少
　　中图分类号：F279.23　　　　　文献标识码：J

1. 引言

　　现阶段，随着互联网的发展，网络广告发挥着越来越重要的作用。很多企业都在网络广告上花费重金。来自艾瑞网的数据显示：“2020 年中国互联网营销市场总规模突破万亿大关，达到 10457 亿

---

　　* 基金项目：国家自科基金重点项目“技术赋能的商务信息全景化管理与增强型决策的人机协同新范式”（项目批准号：72132008）。

　　通讯作者：陈智勇，E-mail：22937793@ qq. com。

元。互联网广告维持了 13.85% 的增长态势，实现广告收入 4972 亿元。"（艾瑞咨询，2021）网络广告的迅速发展，使网络广告受到了越来越多的广告公司、投放企业以及消费者的关注（Cunningham & Brown, 2010）。对于网络广告公司来说，为广告主寻找最合适的目标客户是重要的目标（Goel & Goldstein, 2014）。

为了取得更好的广告效果，以往的学者从多个视角探讨如何提升网络广告的最终效果。例如，Goldfarb 和 Tucker（2011）分析了网络广告类型对于消费者购买的作用，发现增强网络广告与网页内容的匹配性和突出性，能有效地提升网络广告的效果；Tirunillai 和 Tellis（2017）通过分析以往研究中忽略的网络广告和线下广告相互影响作用，发现两者尽管在广告渠道上相互替代，但是对于消费者点击则有着互补增强的效果。总结来说，以往关于网络广告的研究更多是从网络广告自身的视角出发，比如网络广告类型、形式（Bruce et al., 2017），受众特征（Shen & Villas-Boas, 2017），不同投放渠道的差异化表现（Zantedeschi et al., 2017），以及如何针对网络广告进行个性化定制（Zhang et al., 2017）等。但是，很少有学者尝试从网络广告周围消费者的视角来探讨网络广告扩散。

事实上，由于相互之间的观察、交流和探讨，消费者会受到周围邻居（比如居住在同一地区）的影响，即邻居效应（Ludwig et al., 2013）。但是，以往关于邻居效应的研究主要集中在消费者之间自发性行为（Bond et al., 2019），如消费者之间关于产品信息的扩散（Iyengar et al., 2011）。很少有学者把研究的视角拓展到企业的主动性行为，如网络广告的扩散。因此，在以往网络广告和邻居效应的基础上，本文首先分析：邻居效应是否能促进消费者点击网络广告？是否有显著性的影响？

以往网络广告的研究指出：不同类型的广告对于消费者的作用有着很大的差异（Bruce et al., 2017）。比如，Berger（2011）指出相比信息型广告，情感型广告更能激起消费者的点击。因此，本文进一步探讨，对于不同类型的网络广告（信息型广告 vs. 情感型广告），网络广告的邻居效应是否有差异？

在以往的研究中，根据消费者的特征来实施差异化的广告策略受到了很多学者的关注（Shen & Villas-Boas, 2017）。比如，Kotler 和 Armstrong（2017）发现：广告更容易对忠诚消费者产生正面情绪。因此，本文分析对于不同类型的消费者（相关产品经验多 vs. 少），邻居效应是否有相似的结果？是否有显著性差异？进一步，这种差异在不同类型的广告下，是否又有进一步的差异化作用？

2. 文献综述

2.1　网络广告

网络广告是一种企业以互联网为载体来刊登或发布的广告横幅、文本链接、视频广告、多媒体，通过网络传递到互联网用户，并与互联网用户进行信息交流的一种营销活动（Plummer et al., 2007）。作为一种常见的广告形式，网络广告伴随着互联网的始终，并由于互联网的迅速普及而为人们所熟悉。与传统的四大传播媒体（报纸、杂志、电视、广播）广告相比，近年来网络广告受到了学者和企业越来越多的关注。鉴于网络广告的巨大作用，很多学者希望找到那些能够切实提高网络广告投放效果的因素（Zubcsek et al.，2017）。具体来说，以往关于网络广告的研究更多是从网络广告自身的视角出发，比如网络广告类型、形式（Bruce et al.，2017），受众特征（Shen & Villas-Boas，2017），不同投放渠道的差异化表现（Zantedeschi et al.，2017），以及如何针对网络广告进行个性化定制（Zhang et al.，2017）。很少有学者尝试从网络广告周围消费者的点击状况，特别是网络广告消费者所在区域的点击状况，来预测网络广告点击。

2.2 邻居效应

以往的很多研究指出，由于相互之间的观察、交流和探讨，消费者会受到周围邻居（比如，居住在同一地区）的影响，即邻居效应（Ludwig et al.，2013）。很多学者分析了邻居效应对于个人或消费者行为改变的影响（Ludwig et al.，2013），如网站的使用（Bell & Song，2007）、政治投票的倾向（Bond et al.，2012）等。

邻居效应很早就受到了学者们的关注（Bornstein & Bradley，2014），特别是 William Julius Wilson 在 1987 年发表 *The Truly Disadvantaged* 之后，关于邻居效应的研究更是蓬勃发展。比如，Ludwig 等（2012）发现：由高贫困地区搬向低贫困地区时，个人的身体和心理健康以及主观幸福感都有非常显著的提升；Rickford 等（2015）以美国黑人的口音为例，发现当黑人搬向经济条件更好的地区，他们自身的黑人特有的英语口音会减弱，并且这种现象在年轻人身上更为明显；Bell 和 Song（2007）用来自 Netgrocer. com 的网店为研究对象发现：随着周围网店数量的增加，该地区内网店的数目呈显著性增加。

对于网络广告来说，周围消费者的点击对目标消费者的作用主要体现在以下方面：第一，当周围的消费者点击网络广告时，消费者周围关于该广告（或广告中的产品）的信息会增多，使目标消费者更有可能了解广告，进而更有可能点击广告（Wilson，1987）。第二，在同一地区中，消费者之间存在着相互模仿的行为（Ludwig et al.，2012），当周围更多的消费者点击网络广告时，目标消费者也更有可能点击网络广告。因此，我们得到假设 H1：

H1：网络广告的邻居效用能够有效地增强网络广告的作用。

2.3 不同类型网络广告的差异化作用

以往学者指出：不同类型的广告，会对广告最后的效果产生非常大的影响（Braun & Moe，2013）。相比情感型广告，信息型广告更能引起消费者对于该产品内在属性的认知，而情感型广告则更能激发消费者关于产品愉悦的情绪（MacInnis et al.，2002）。消费者吸收广告的过程更可能被认为是一种信息处理的过程，情绪性的信息相比事实性的信息更能够引起人们的共鸣（Olney et al.，1991）。正是基于这个逻辑，Olney 等（1991）发现：相比信息型的广告，情感型的广告更能吸引消费者的注意力。当周围其他消费者讨论网络广告或广告中的产品时，也是在一定程度上为消费者提供信息，考虑到情感型的广告更能吸引消费者的注意力，其也更能促进消费者之间的讨论。因此，我们得到假设 H2：

H2：相比信息型广告的邻居效应，情感型广告的邻居效应对于消费者的作用更大。

2.4　消费者的差异化作用

以往研究指出，消费者的个人特征是影响广告最终效果的重要因素（Shen & Villas-Boas, 2017）。比如，Bruce 等（2017）发现：对于网络广告，女性的接受程度比男性更强。本文结合网络广告中消费者的特点即相关产品经验（多 vs. 少），来具体分析不同类型消费者对于网络广告的接受程度。

消费者的相关产品经验是指以往消费者对于网络广告中类似产品的熟悉程度（Harmeling et al., 2017）。相比相关产品经验比较少的消费者，经验多的消费者更清楚产品使用的相关信息和产品知识，他们也能更好地了解产品的特性，更能体会网络广告所传递出的信息（Bapna & Umyarov, 2015），从而引起和广告以及广告中信息的共鸣。反之，对于相关产品经验比较少的消费者来说，因为对于产品的相关了解比较少，如果遇到其他消费者关于广告的信息时，也需要更多的时间来解析（Park et al., 2018）。因此，如果消费者对于产品或广告的相关知识比较多，他更不可能受到其他人的影响而改变自己的行为（Trafimow & Sniezek, 1994），反之则更容易受到其他人的影响。对于信息广告来说，广告的诉求以及传播点均为广告中传播的信息，也就是说邻居效应主要作用机制是关于产品的信息。因此，我们可以得到假设 H3：

H3：对于信息型广告，邻居效应的作用随着广告受众的相关产品经验增加而减弱。

情感型广告更多利用情感、音乐或是其他能激发消费者愉悦情感的要素来引起消费者的关注（Tellis et al., 2000）。情感型广告能更多地引起消费者的关注和传播（Akpinar & Berger, 2017）。相比信息型广告，情感型广告更多地激发消费者对于产品的情感，从而更多地引起消费者的关注和传播。对于相关产品经验比较多的消费者来说，他们对产品的了解更多，也更有可能和机会通过追求产品或观看产品相关内容（如广告）来提升自身的愉悦感（Park et al., 2018）。当遇到情感型广告的相关信息时，他们更能体会到产品带来的愉悦感，也更容易点击广告（Algesheimer et al., 2005）。相反，对于自身相关产品经验比较少的消费者，由于自身的相关经验比较少，对于产品和广告的理解相对来说比较少，也就会花费更多的时间来理解情感型广告背后所蕴含的情感型信息。当了解到周围其他消费者的点击信息时，他们需要花费更多的时间和精力去理解广告中的情感型信息。因此，结合以往的研究和上文的论述，我们不难做出以下假设：

H4：对于情感型广告，邻居效应的作用随着广告受众的相关产品经验增加而增强。

结合以上论述，我们在图 1 中总结了本文的模型框架：

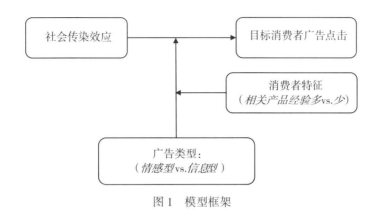

图 1　模型框架

3. 研究模型

3.1　研究一：邻居效应对消费者点击的影响

3.1.1　研究背景

为了探究邻居效应对消费者点击的影响，我们和国内某著名网络广告平台投放公司进行合作，首先设计一个实地实验来分析网络广告是否会受到邻居效应的影响。该广告投放平台的数据主要来自国内某互联网公司内部精准投放平台。该平台类似于国内第三方互联网方平台（Demand-Side Platform，DSP），对接国内主要移动端的广告投放平台，包括视频、信息流、社交、网盟平台等。视频包括优酷、爱奇艺、乐视、腾讯视频等，信息流包括今日头条、内涵段子、网易新闻、腾讯新闻等，社交平台包括微博等，网盟平台包括360、百度、广腾讯等。在具体的网络广告投放上，我们以一款手机游戏《倩女幽魂》的广告投放为例。该游戏的剧本以《聊斋志异》中《聂小倩》的故事为蓝本改编，明末时期，生灵涂炭，三界之乱，因盘古元神而起。只有再度寻回并封印元神珠，方可平息这一切风波。玩家需要在与姥姥、黑风魔王等的斗争中帮助宁采臣解救聂小倩并封印盘古元神，拯救苍生。

而在广告素材的选取上，我们选取了10种网络广告作为我们的研究对象，这10种广告均为视频广告，广告类型主要是介绍游戏的玩法。这10种广告并没有明星代言，以企业自制的2D动画短片为主。我们根据广告呈现信息内容分为信息型广告和情感型广告：信息型广告介绍产品使用信息，如"20大主角：神兵焕新""苹果安卓互通：千山万重"等；情感型广告传递使用体验感觉，如"风云再起、仙路浮沉"。

3.1.2　研究设计

我们以广州市和深圳市的广告投放为研究对象，其中广州市的投放为实验组，深圳市的投放为控制组，向区域内的消费者通过多种渠道来推送网络广告（广告编号为：143534）。为了创造邻居效应的环境，我们预先在广州推送了该广告（即 2017 年 11 月 3 日），当天部分消费者即点击了该广告（127 位消费者），为后续的广告点击者创造了已经采用的邻居，即邻居效应。

之后第二天（2017 年 11 月 4 日），我们在深圳采用完全相同的投放方式，向深圳的消费者随机投放该广告。同时，对于广州的消费者，沿用以往的投放方式。总体来说，在我们的实验中，相比对照组（深圳）的消费者，广州的消费者仅仅多了实验的操纵：邻居效应。

3.1.3　研究结果

11 月 3 日，广州的 21 个区（实验组），企业共随机曝光了 19486 名消费者，有 127 名消费者点击了广告，而在 11 月 4 日，则共曝光了 48317 名消费者，计有 295 名消费者点击了广告。而在对照组深圳的样本中，11 月 4 日，共计 14205 名曝光者，其中有 64 名消费者点击了广告。

为了消除城市各区域之间不同造成的误差，我们采用倾向性匹配得分的方法（Eckles et al., 2016），进一步消除消费者个人因素所造成的差异，比较邻居效应产生的净影响。本文计算每个用户自身的相关变量，包含用户的相关产品经验、用户性别、用户年龄、用户的兴趣倾向（具体测量详见后文实地实验中的变量测量）等，作为匹配的基础变量。

在控制组中，共计有 14205 名曝光者；而在实验组中，共计有 48317 名曝光者，两组在数量上有着很大的不同，如果直接比较可能会产生比较大的误差。因此，针对深圳市内的 14205 名消费者，借鉴 Ho 等（2007）的方法，首先以深圳市内 2017 年 11 月 2 日的广告投放为对照组数据和比对样本，然后运用倾向性匹配得分的方法（由 R 软件中的 "MatchIt" 软件包中的 "MatchIt" 函数筛选而得），筛选出 14200 名用户，以保证这些用户和深圳市内的 14205 名点击者在相关产品经验、用户性别、用户年龄、用户的兴趣倾向等方面无显著性差异（详细结果见表 1）。

表 1　　　　　　　　　　　　　　　筛选组和对照组方差分析

变量	T 值	P 值
相关产品经验	1.367	0.201036381
用户性别	0.318	0.401996311
用户年龄	0.275	0.414576382
用户的兴趣倾向	1.032	0.24498766

最后，我们比较 11 月 4 日消费者的点击和筛选样本的差异。在对照组（深圳）中，用户的点击率为 0.4505%，而在筛选的实验组中，广告点击率为 0.6127%。方差分析的结果为 $F (1, 14199) = 86.47$ （$p < 0.01$），存在显著的差异。本研究的实验表明，邻居效应能够显著增强消费者对于网络广告的点击，即假设 H1 得到证明。

3.2　研究二：实地实验

3.2.1　研究背景与设计

为了进一步探讨网络广告邻居效应对广告点击的效果，本文和该网络广告平台继续合作，使用和研究一相同的广告平台以及多种网络广告素材，继续收集该网络平台在广州市内的广告投放信息，直至 2017 年 12 月 29 日，共计 57 天的数据。通过和该广告平台的合作，共计收集到广州市内的广告曝光用户 742928 位消费者，其中的 19804 名消费者点击了广告，平均点击率为 2.66567%。

3.2.2　变量测量

广告类型：数据中共有 85 种广告可供选择作为测量的样本。仿照以往的研究（Akpinar & Berger，2017；Yoo & MacInnis，2005），本文对所有广告的类型进行分类。具体来说，我们邀请 3 位营销专业研究生，采用 Yoo 和 MacInnis（2005）的量表对这些网络广告进行分类（1 为"信息型广告"，7 为"情感型广告"）。在本文的研究中，情感型广告被定义为那些采用视频（video）、情绪（mood）、音乐以及其他能够引起消费者的情感互动的广告，而信息型广告则被定义为那些用一些客观信息来描述产品的基本特征，从而使广告接收者了解到产品信息的广告。

广告特征：许多研究指出，广告自身特征的不同也是影响广告效果的一个重要因素。因此，为了消除广告特征的其他因素的影响，我们也控制可能影响广告最终点击效果的因素，比如广告形式（Calisir & Karaali，2008）、广告的持续时间（Berger & Milkman，2012），以及广告是否使用名人（Akpinar & Berger，2017）等。类似于广告类型的方式，本文也邀请 3 位营销专业研究生对于广告类型进行简单区分，具体来说，对于广告形式，我们主要区分动态 vs. 静态（1 vs. 0）、广告的持续时间（以秒来计量）、广告是否使用名人代言（1 vs. 0）。

广告投放：在网络广告平台的记录中，平台能够详细记录何时向某一消费者曝光该网络广告，何时消费者会点击网络广告。因此，本文首先记录所有网络广告平台投放广告的对象，如果该消费者点击了广告，则我们记录该消费者的广告投放为 1，如果没有点击则记录广告投放为 0。

邻居效应：在以往的研究中，邻居效应被界定为某一区域内已经采用（本文具体指网络广告点击）的消费者（Chetty et al.，2016），而"特定区域"被定义为某一邮政编码区内的消费者（Choi et al.，2010）。因此，本文采用类似的方式，以广东省内不同邮政区号为计量单位，即每一个县或（县级）区的已点击者作为邻居效应。具体来说，对于任一被曝光用户 i，我们计算他（她）在时间 t 之前的邻居效应为：截至时间 $t-1$，在该邮政编码区内已经点击网络广告的总的消费者。

城市 GDP：不同地区有着不同的 GDP，消费者的交互也会有所不同。因此，在本文，我们初步探究在不同的场景中（以 GDP 为代理变量），邻居效应是否有着不同的作用。具体来说，由于我们的邻居效应以不同县（区）为计量单位，我们从《中国统计年鉴（2017）》查出各县（区）2017 年的 GDP，作为城市 GDP 的代理变量（计量单位：亿元人民币）。

用户相关产品经验：以往研究指出，用户的相关产品经验对于用户的最终行为有重要的影响。

具体到本文的研究中，我们以消费者登录到该游戏公司其他游戏的次数，作为测量用户相关产品经验的代理变量。

用户性别：以往的研究发现用户的性别对广告的点击和最终效果有重要影响，因此我们把消费者的性别作为一个重要的控制变量。基于广告平台的记录，我们可以判断出网络广告用户的性别。具体来说，在本文中，我们用 1 代表虚拟性别为男性，用 0 代表虚拟性别为女性。

用户年龄：以往研究指出消费者的年龄也是一个重要的控制变量。结合广告平台商的记录，本文初步按照不同的年龄段来刻画消费者的年龄。具体来说，1 代表 0~18 岁，2 代表 19~24 岁，3 代表 25~31 岁，4 代表 32~41 岁，5 代表 42~51 岁，6 代表 51 岁以上。

用户兴趣倾向：在很多学者的研究中，兴趣比较广泛的消费者更可能点击广告。因此，在本文中，我们把用户的兴趣倾向作为一个重要的控制变量。具体来说，我们以用户浏览的相关信息，即企业标注的用户标签作为代理变量。很明显，如果用户关注的产品越多，则其越有可能是一个兴趣广告的消费者。

3.2.3 研究方法

一个广告可能曝光给多个不同的消费者，这也就意味着在分析网络广告时，消费者可能的个人特质必须要控制。传统的方法，如面板数据的固定效应（或随机效应）在一定程度上能够解决这一问题。但是，由于广告投放的随机性，并不是每个消费者都会被曝光 20 种广告，很多消费者只会被曝光 1~2 种广告，这也使得使用传统的随机模型来控制消费者之间的异质性受到了很大的挑战（O'Hagan & West，2010）。因此，为了控制基于广告层面的异质性，本文采用分层贝叶斯来验证假设（Rossi et al.，2012）。具体来说，本文的建模过程如下：

首先，广告点击的因变量为：消费者在广告曝光之后是否点击了广告（0，1）。类似于以往的模型（Rossi et al.，1996），本文认为消费者是否点击的效用可以表示为：

$$U_{ij} = X_{ij} \times \beta_j + \varepsilon_{ij}$$

其中，i 表示被广告曝光的消费者，j 代表不同的广告，X_{ij} 表示广告 j 对于消费者 i 的影响变量，包括前文提到的邻居效应、消费者兴趣倾向、性别、年龄等，β_j 则表示广告 j 影响系数。

很显然，由于因变量为 0、1 变量，运用逻辑回归的模式，我们可以对以上模型建模为：

$$\text{Pr}_{ij} = \frac{\exp(X_{ij} \times \beta_j + \varepsilon_{ij})}{1 + \exp(X_{ij} \times \beta_j + \varepsilon_{ij})}$$

其中，Pr_{ij} 代表消费者点击广告的概率。

不同的网络广告对于消费者的影响系数在很大程度上会受到网络广告自身特征的影响。因此，借鉴以往分层贝叶斯的建模方法，本文把系数 β_j 分解为两个部分：

$$\beta_j = \Delta \times z_i + \gamma_0$$

其中，z_i 代表广告层面的信息，包括广告类型以及其他的广告特征，如时长、形式等其他控制变量，Δ 则表示回归的系数，而 γ_0 则表示产品 j 的残差项。在本文的模型估计中，我们应用 R 软件的软件包"bayesm"中的"rhierMnlRwMixture"函数进行估计。

3.2.4　数据分析

类似于以往贝叶斯的研究，本文也采用马尔科夫链蒙特卡洛模拟（MCMC）的方法来估计我们的方程。在具体的实施过程中，共计实施了 5000 次模拟，其中的前 3000 次作为演练阶段（burn-in phase）。在模型的层面添加中（见表 2 和表 3），我们在模型 0 和模型 4 中加入针对相关的控制变量的估计，在模型 1 和模型 5 中加入主效应邻居效应，在模型 2 和模型 6 中加入交互性。

表 2 呈现了信息型广告的实证结果。从模型 1 中我们不难看出，对于信息型产品，邻居效应对目标消费者点击网络广告有着正向影响，即假设 H1 部分得到证明。进一步，从模型 2 的交互性可以看出，相关产品经验×邻居效应的系数为负，这表明：对于信息型广告，邻居效应的最终效果会随着广告受众的相关信息增加而减弱，假设 H3 得到证明。

表 2　　　　　　　　　　　　　　　　实证回归结果（信息型广告）

变量	购买可能性		
	模型 0	模型 1	模型 2
相关产品经验	$-3.42\text{E-}04^{*}$	$-2.18\text{E-}04^{*}$	$-7.63\text{E-}04^{*}$
消费者性别	0.0716^{**}	0.0469^{**}	0.0915^{**}
消费者年龄	-0.0479^{*}	-0.04010^{*}	-0.07022^{*}
消费者的兴趣倾向	0.01033^{***}	0.008337^{***}	0.009162^{***}
广告时长	0.0319^{**}	0.07911^{**}	0.06382^{*}
广告形式	1.027^{***}	1.105^{**}	1.379^{**}
是否有名人代言	0.589^{***}	0.1183^{**}	0.2230^{**}
城市 GDP	$4.258\text{E-}0.5^{***}$	$7.519\text{E-}0.6^{***}$	$1.3327\text{E-}0.5^{***}$
邻居效应$_t$		0.106^{**}	0.1204^{**}
相关产品经验 × 邻居效应$_t$			-0.0352^{**}
极大似然值	-873917	-850988	-80371

注：* 表示 $p<0.05$，** 表示 $p<0.01$，*** 表示 $p<0.001$。

表 3 展示了针对情感型广告的实证结果。类似于信息型广告的研究结果，模型 5 中正向的邻居效应的正向系数表示：对于情感型产品，邻居效应对消费者的点击也有着正向影响。至此，假设 H1 得到证明；进一步，从模型 6 的交互性可以看出，相关产品经验×邻居效应的系数为正值，结果表明：对于情感型广告，邻居效应的最终效果会随着广告受众的相关信息增加而增强。其结果呈现出与信息型广告相反的结果，假设 H4 得到证明。

在假设 H2 中，我们希望比较邻居效应对于信息型广告和情感型广告的差异化作用。考虑到情感型广告和信息型广告的估计处于不同的方程中，本文采用 Park 等（2018）的方法，应用 Z 统计量来检验信息型广告和情感型广告对于广告最终点击的影响，结果表明两个方程中的系数存在着显著性

的差异（Z 值为 5.319，$p<0.01$），即情感型广告的邻居效应对于信息型广告的作用更大，假设 H2
得到证明。

表 3 实证回归结果（情感型广告）

变量	购买可能性		
	模型 4	模型 5	模型 6
相关产品经验	$-2.17\text{E-}02^*$	$-3.54\text{E-}03^*$	$-3.51\text{E-}02^*$
消费者性别	0.0295^{**}	0.043618^{**}	0.05133^{**}
消费者年龄	-0.0933^*	-0.03184^*	-0.08355^*
消费者的兴趣倾向	0.02361^{***}	0.031867^{***}	0.01233^{***}
广告时长	0.04107^{**}	0.03270^{**}	0.02165^*
广告形式	1.2781^{***}	1.1553^{**}	1.2470^{**}
是否有名人代言	0.7736^{***}	0.6331^{**}	0.5187^{**}
城市 GDP	$6.387\text{E-}0.5^{***}$	$4.572\text{E-}0.5^{***}$	$5.419\text{E-}0.6^{***}$
邻居效应$_t$		0.3632^{**}	0.3357^{**}
相关产品经验 × 邻居效应$_t$			0.04187^{**}
极大似然值	-798213	-785788	-770813

注：$*$ 表示 $p<0.05$，$**$ 表示 $p<0.01$，$***$ 表示 $p<0.001$。

4. 讨论

4.1 理论意义

本文的研究有着非常强的理论意义。第一，尽管很多研究从多方面研究了哪些因素会提升网络广告的效果，以及如何更好地为网络广告寻找最有效的客户，但是，以往关于网络广告的研究更多是从网络广告自身的视角出发，比如网络广告类型、形式（Bruce et al.，2017），受众特征（Shen & Villas-Boas，2017），不同投放渠道的差异化表现（Zantedeschi et al.，2017），以及如何针对网络广告进行个性化定制（Zhang et al.，2017）。很少有学者把网络广告和邻居效应的研究结合起来，探讨网络广告的邻居效应（或社会影响）对于网络广告点击的作用。本文进一步分析并验证了网络广告是否存在邻居效应，进一步丰富了网络广告文献中预测网络广告效果的研究。

第二，以往研究发现网络广告的效果会受到很多因素的影响（Bruce et al.，2012）。本文在分析邻居效应的基础上，进一步分析哪些因素会调节邻居效应对于网络广告的最终效果。本文进一步分析了在不同的广告类型下（信息型广告 vs. 情感型广告），网络广告的邻居效应是否会有差异。之后，本文也分析了对于不同类型的消费者，网络广告的邻居效应是否会有不同的影响。以往的很多文献也提到，不同类型的消费者，对于网络广告的接受程度会有很大的差异（Sethuraman et al.，2011）。因此，本文进一步分析了在不同广告类型和不同类型消费者下（相关产品经验多 vs. 少），邻居效应是否会有差异。本文的研究扩展了网络广告邻居效应的研究范畴。

第三，在研究方法上，本文应用多种方法探讨了网络广告的邻居效应。我们首先应用实地实验以及实验室实验的方式，并运用比较倾向性得分（propensity score）方法，分析网络广告的邻居效应，以及邻居效应如何影响目标消费者；之后，我们也运用实地实验的方式，运用方差分析、分层贝叶斯等方法探究网络广告邻居效应的调节效应。本文的研究进一步丰富了网络广告的相关研究方法。

4.2 管理意义

本文探究和分析哪些因素对于网络广告的投放有着重要的意义。在以往的广告研究中，很多学者都提到，"我知道我的广告费有一半是浪费的，但我不知道浪费的是哪一半"，以往的学者和实业界的营销经理并没有很好地回答，到底是哪些广告无法达到广告主理想的投放效果。广告平台、广告主都希望能把最有效的广告投放给目标消费者（Goel & Goldstein，2014）。因此，许多学者和营销经理都致力于为网络广告的投放寻找更为精准的目标顾客，这也就意味着本文的研究结果有着很强的现实背景。具体来说，主要体现在以下几个方面：

首先，网络广告的巨大体量，对广告主、广告平台以及广告的受众都有着非常重要的意义。以往的研究更多从网络广告类型、形式（Bruce et al.，2017），受众特征（Shen & Villas-Boas，2017），不同投放渠道的差异化表现（Zantedeschi et al.，2017），以及如何针对网络广告进行个性化定制（Zhang et al.，2017）等，很少有学者考虑网络广告消费者的邻居，特别是线上广告的线下行为的邻居效应。本文的研究结果对于网络广告经理更好地预测和寻找网络广告的目标消费者提供了一个指标。

为了进一步理清哪些因素会影响网络广告的邻居效应，本文从网络广告自身的特征出发，探究不同类型网络广告的邻居效应是否有差异，本文的研究发现：相比信息型广告，情感型广告的邻居效应对于消费者的点击能够产生更大的影响。本文的研究为企业更好地设计和利用邻居效应提供了最直观的建议。

网络广告的最终效果也会因为消费者个人的不同而变化（Feit et al.，2013）。因此，本文也重点分析了不同特征的消费者对邻居效应的易感性。研究结果表明：对于信息型广告来说，邻居效应对于相关产品经验比较少的消费者作用更大；反之，对于情感型广告，邻居性效应对于相关产品经验比较多的消费者影响更大。本文的研究结果能够帮助企业针对不同的消费者（相关产品经验多 vs. 少），更好地利用邻居效应来促进广告点击。

◎ 参考文献

［1］艾瑞咨询. 2020 年中国网络广告市场数据发布报告［EB/OL］. https://report.iresearch.cn/report/

202007/3614.shtml.

［2］Akpinar, E., Berger, J. Valuable virality［J］. Journal of Marketing Research, 2017, 54（2）.

［3］Algesheimer, R., Dholakia, U. M., Herrmann, A. The social influence of brand community: Evidence from European car clubs［J］. Journal of Marketing, 2005, 69（July）.

［4］Bapna, R., Umyarov, A. Do your online friends make you pay? A randomized field experiment on peer influence in online social networks［J］. Management Science, 2015, 61（8）.

［5］Bell, D. R., Song, S. Neighborhood effects and trial on the internet: Evidence from online grocery retailing［J］. Quantitative Marketing and Economics, 2007, 5（4）.

［6］Berger, J. Arousal increases social transmission of information［J］. Psychological Science, 2011, 22（7）.

［7］Berger, J., Milkman, K. L. What makes online content viral?［J］. Journal of Marketing Research, 2012, 49（2）.

［8］Bond, R. M., Fariss, C. J., Jones, J. J., et al. A 61-million-person experiment in social influence and political mobilization［J］. Nature, 2012, 489（7415）.

［9］Bond, S. D., He, S. X., Wen, W. Speaking for "free": Word of mouth in free-and paid-product settings［J］. Journal of Marketing Research, 2019, 56（2）.

［10］Bornstein, M. H., Bradley, R. H. Socioeconomic status, parenting, and child development［M］. Routledge, 2014.

［11］Braun, M., Moe, W. W. Online display advertising: Modeling the effects of multiple creatives and individual impression histories［J］. Marketing Science, 2013, 32（5）.

［12］Bruce, N. I., Foutz, N. Z., Kolsarici, C. Dynamic effectiveness of advertising and word of mouth in sequential distribution of new products［J］. Journal of Marketing Research, 2012, 49（4）.

［13］Bruce, N. I., Murthi, B., Rao, R. C. A dynamic model for digital advertising: The effects of creative format, message content, and targeting on engagement［J］. Journal of Marketing Research, 2017, 54（2）.

［14］Calisir, F., Karaali, D. The impacts of banner location, banner content and navigation style on banner recognition［J］. Computers in Human Behavior, 2008, 24（2）.

［15］Chetty, R., Hendren, N., Katz, L. F. The effects of exposure to better neighborhoods on children: New evidence from the moving to opportunity experiment［J］. American Economic Review, 2016, 106（4）.

［16］Choi, J., Hui, S. K., Bell, D. R. Spatiotemporal analysis of imitation behavior across new buyers at an online grocery retailer［J］. Journal of Marketing Research, 2010, 47（1）.

［17］Cunningham, C., Brown, S. Local online advertising for dummies［M］. Hoboken, NJ: Wiley Publishing, Inc., 2010.

［18］Eckles, D., Kizilcec, R. F., Bakshy, E. Estimating peer effects in networks with peer encouragement designs［J］. Proceedings of the National Academy of Sciences, 2016, 113（27）.

[19] Feit, M. D., Wang, P., Bradlow, E., et al. Fusing aggregate and disaggregate data with an application to multi-platform media consumption[J]. Journal of Marketing Research, 2013, 50 (3).

[20] Goel, S., Goldstein, D. G. Predicting individual behavior with social networks[J]. Marketing Science, 2014, 33 (1).

[21] Goldfarb, A., Tucker, C. Online display advertising: Targeting and obtrusiveness[J]. Marketing Science, 2011, 30 (3).

[22] Harmeling, C. M., Palmatier, R. W., Fang, E., et al. Group marketing: Theory, mechanisms, and dynamics[J]. Journal of Marketing, 2017, 81 (4).

[23] Ho, D. E., Kosuke, I., Gary, K., et al. Matching as nonparametric preprocessing for reducing model dependence in parametric causal inference[J]. Political Analysis, 2007, 15 (3).

[24] Iyengar, R., Van den Bulte, C., Valente, T. W. Opinion leadership and social contagion in new product diffusion[J]. Marketing Science, 2011, 30 (2).

[25] Kotler, P. T., Armstrong, G. Principle of marketing[M]. Pearson India, 2017.

[26] Ludwig, J., Duncan, G. J., Gennetian, L. A., et al. Long-term neighborhood effects on low-income families: Evidence from moving to opportunity[J]. American Economic Review, 2013, 103 (3).

[27] Neighborhood effects on the long-term well-being of low-income adults[J]. Science, 2012, 337 (6101).

[28] MacInnis, D. J., Rao, A. G., Weiss, A. M. Assessing when increased media weight of real-world advertisements helps sales[J]. Journal of Marketing Research, 2002, 39 (4).

[29] O'Hagan, A., West, M. The Oxford handbook of applied Bayesian analysis[M]. Oxford: Oxford University Press, 2010.

[30] Olney, T. J., Holbrook, M. B., Batra, R. Consumer responses to advertising: The effects of ad content, emotions, and attitude toward the ad on viewing time[J]. Journal of Consumer Research, 1991, 17 (4).

[31] Park, E., Rishika, R., Janakiraman, R., et al. Social dollars in online communities: The effect of product, user and network characteristics[J]. Journal of Marketing, 2018, 82 (1).

[32] Plummer, J., Rappaport, S., Hall, T., et al. The online advertising playbook: Proven strategies and tested tactics from the advertising research foundation[M]. Hoboken, New Jersey: John Wiley & Sons, Inc., 2007.

[33] Rickford, J. R., Duncan, G. J., Gennetian, L. A., et al. Neighborhood effects on use of African-American vernacular English[J]. Proceedings of the National Academy of Sciences, 2015, 112 (38).

[34] Rossi, P. E., Allenby, G. M., McCulloch, R. Bayesian statistics and marketing[M]. West Sussex, England: John Wiley & Sons, 2012.

[35] Rossi, P. E., McCulloch, R. E., Allenby, G. M. The value of purchase history data in target marketing[J]. Marketing Science, 1996, 15 (4).

[36] Sethuraman, R., Tellis, G. J., Briesch, R. A. How well does advertising work? Generalizations from

meta-analysis of brand advertising elasticities[J]. Journal of Marketing Research, 2011, 48 (3).

[37] Shen, Q., Villas-Boas, J. M. Behavior-based advertising[J]. Management Science, 2017.

[38] Tellis, G. J., Chandy, R. K., Thaivanich, P. Which ad works, when, where, and how often? Modeling the effects of direct television advertising[J]. Journal of Marketing Research, 2000, 37 (1).

[39] Tirunillai, S., Tellis, G. J. Does offline TV advertising affect online chatter? Quasi-experimental analysis using synthetic control[J]. Marketing Science, 2017, 36 (6).

[40] Trafimow, D., Sniezek, J. A., Perceived expertise and its effect on confidence[J]. Organizational Behavior and Human Decision Processes, 1994, 57 (2).

[41] Wilson, W. J. The truly disadvantaged: The inner city, the underclass, and public policy[M]. Chicago: University of Chicago Press, 1987.

[42] Yoo, C., MacInnis, D. The brand attitude formation process of emotional and informational ads[J]. Journal of Business Research, 2005, 58 (10).

[43] Zantedeschi, D., Feit, M. D., Bradlow, E. Measuring multi-channel advertising response[J]. Management Science, 2017, 63 (8).

[44] Zhang, X., Kumar, V., Cosguner, K. Dynamically managing a profitable email marketing program[J]. Journal of Marketing Research, 2017, 54 (6).

[45] Zubcsek, P. P., Katona, Z., Sarvary, M. Predicting mobile advertising response using consumer colocation networks[J]. Journal of Marketing, 2017, 81 (4).

Neighborhood Effect and Online Advertising Click:
A Study on the Differentiation of Advertising Types and Advertising Audience

Huang Minxue[1]   Chen Zhiyong[2]   Wang Dianwen[3]

(1, 2 Economics and Management School, Wuhan University, Wuhan, 430072;

3 China University of Mining and Technology, Xuzhou, 221116)

Abstract: Recently, online advertisement plays more and more important role to leverage advertisement click. Previous works on online advertisements paid their attention on online advertisement type, advertisement channels, advertisement audience and advertisement customization, without considering the impact of neighborhood effect. That is, clicker of advertising could elevate the users' click around them. To answer these questions, we cooperate with a firm who launched many online games and deliver lots of advertisements about the games. Then, we deliver two type of advertisements on 742928 users and examine whether different type of advertisement (informational and emotional) produce varied impact on different type of users (high vs. low level of relative product experience). Via two field experiment, we first verify that neighborhood effect could elevate the click of advertisement. Moreover, we explore the moderating effect of users (relative product experience high vs. low). The results show that, informational advertisement could produce higher impact on users with low level of relative product information than ones with high level of relative product experience. While for emotional advertisement, users with high level of relative product experience are more likely to click tan ones with low level of relative product information.

Key words：Online advertising；Neighborhood effect；Informational ads；Emotional ads

专业主编：寿志钢

珞珈管理评论
2022 年卷第 2 辑（总第 41 辑）

Luojia Management Review
No. 2, 2022（Sum. 41）

居住流动性对他乡地理标志品牌购买意愿的影响*

● 李林竹[1]　王　丹[2]　李艳军[3]

（1，2，3　华中农业大学经济管理学院　武汉　430070；

3　湖北农村发展研究中心　武汉　430070）

【摘　要】消费者与地理标志品牌的地域关系是影响其偏好的关键因素之一，现有研究从家乡与近乡视角为地理标志品牌巩固和拓展品牌内群体提供了理论参考，但还缺乏对外群体地理标志品牌偏好提升路径的相关研究。文章基于人口频繁流动的社会背景，采用调查法收集了 433 份有效问卷，探讨了消费者居住流动性对"他乡"地理标志品牌购买意愿的影响及其作用机制。结果表明，居住流动性正向促进消费者对他乡地理标志品牌的购买意愿和对他乡的地方认同；他乡地方认同在居住流动性和他乡地理标志品牌购买意愿之间发挥中介作用；区域形象正向调节居住流动性对他乡地方认同和他乡地理标志品牌购买意愿的影响。研究结论为地理标志品牌市场容量扩张和乡村振兴提供参考。

【关键词】居住流动性　地理标志　他乡品牌　地方认同　区域形象

中图分类号：C939　　　　文献标识码：A

1. 引言

地理标志与地域密切关联，是标示某商品来源于某地区，该商品的特定质量、信誉或者其他特征，主要由该地区的自然因素或者人文因素所决定的标志，并通常以"产地+产品名"的方式命名。地理标志通过传达产品的声誉质量、安全性和真实性（Bardají et al.，2009；Teuber，2011；Grunert and Aachmann，2016），对于推动区域经济发展、实现乡村全面振兴和促进居民消费升级具有重要战略意义（Cei et al.，2018；张亚峰等，2019）。

一些研究表明，消费者愿意购买地理标志品牌并为其支付溢价（Teuber，2011；张国政等，

---

* 基金项目：中央高校基本科研业务费专项基金项目"农产品地理标志的乡愁效应与品牌价值提升策略研究"（项目批准号：2662018PY048）；中央高校基本科研业务费专项基金项目"湖北省地理标志农产品'走出去'路径与对策研究"（项目批准号：2662020JGPYX05）。

通讯作者：李艳军，E-mail：lyj@ mail. hzau. edu. cn。

2017）。但上述作用受到原产地质量声誉和消费者个人特征、心理倾向、风险偏好、地标认知等因素的影响（Vecchio and Annunziata，2011；张国政等，2017；孙林等，2019）。此外，消费者与品牌的地域关系也是影响其偏好的关键因素。相对于外地地理标志产品，消费者更愿意购买本地地理标志产品，因为它们可以激活消费者的自我认同感（Panzone et al.，2016），从而形成内群体偏好效应。同时，人们对内群体边界的认知并非一成不变，离家空间距离较远的消费者内群体边界扩展程度更高，更倾向于把与家乡相邻的区域纳入内群体，从而增加对近乡区域品牌的偏好（李林竹等，2020）。现有研究从"家乡"与"近乡"视角为地理标志品牌巩固与拓展品牌内群体提供了理论参考，但还缺乏对外群体地理标志品牌偏好提升路径的相关研究，所以本研究意图在该问题上作出补充。

当代中国是流动的社会，信息、知识、情感、商品等在社会结构中的流动成为生活的常态（肖珺，2016）。第七次全国人口普查公报（第七号）显示，截至 2020 年，中国大陆人户分离人口达 4.93 亿人，扣除市辖区内人户分离的情况，流动人口达 3.76 亿人，其中，跨省流动人口近 1.25 亿人。这体现了人们居住流动性的大幅提升。居住流动性指人们改变居住地的频率（Oishi et al.，2009）。个体居住地的变动一方面增加了居住地环境中人员结构的异质性和人口的流动性（陶雪婷，2020）；另一方面增加了个体经历中与地方互动关系的多样性和人际关系的流动性。现有研究关注到这种微观层面的居住流动性会带来个体地域身份认同的改变。Wang 等（2020）研究提出，居住流动性能凸显消费者的全球身份，进而增加人们对远距离受益者的捐赠额度。那么，人—地关系的改变所带来的个体本土身份和社会认同的解构与重构是否会重新塑造个体与他乡关系的认知，以及消费者对与特定区域密切相连的他乡地理标志品牌的态度？这对于地理标志品牌拓展市场容量、扩大品牌影响力和提升品牌竞争力亦为关键。

因此，本研究立足于人口频繁流动的社会背景，在社会认同理论基础上，探讨居住流动性与外群体地理标志品牌偏好之间的关联，即居住流动性是否影响消费者对他乡地理标志品牌的购买意愿，如果存在影响，其内在机制和作用边界又是什么。研究结论既能从理论上丰富居住流动性和地理标志品牌的消费研究，又能从实践上为地理标志品牌市场容量扩张和乡村全面振兴提供重要启示。

2. 文献回顾与研究假设

2.1　居住流动性与他乡地理标志品牌购买意愿

伴随中国城镇化的快速发展、居住证制度的普及实施、户口限制的减弱，传统的"安土重迁"的人地依附理念逐渐消退，以更高质量的就业、教育、医疗、养老为目的而进行的流动迁移日益频繁（戴逸茹和李岩梅，2018）。居住流动性成为社会生态心理学的研究热点，在宏观层面上，可以采用"在特定时期，特定社区、城市、州或国家的居民进行迁移的比例或预期迁移比例"来捕获居住流动性；在微观层面上，可以采用"个人在一定时期内经历的居住流动频率，或个体预期未来的居住流动频率"来定义居住流动性（Oishi，2010）。在本研究中，居住流动性被限定为个体在城市或省份之间的移动，而不是在同一城市内住所之间的移动。

社会认同理论提出，人们存在自我区分的动机，个体通过社会分类，对自己所在群体产生认同，对外群体产生偏见（Hewstone et al.，2002），即当群体成员身份变得显著时，为了维持内群体的比较优势和维护个体自尊，人们倾向于给予内群体积极的评价，而给予外群体消极的评价（Myers，2014）。然而，居住地的流动降低了个体的社会关系数量和质量，使人们对社会环境的依赖减弱，从而减少使用与他人的关系或特定群体成员身份来定义自我，而倾向于使用较为独特的个人属性来界定自我（Oishi，2010）。进而，相较于居住稳定的消费者，居住流动的消费者群体区分动机更弱，其地域建构的群体成员身份更广泛（Baumeister，1996）。此外，有关群际接触的文献表明，群际接触能减少个体的种族中心主义和内群体偏爱，并且增强对其他群体的开放性和积极态度（Nesdale and Todd，2000）。个体流动性的增加使消费者能接触更多的其他地区的文化和消费风格，由此产生的多样化的认识和体验很可能唤起对来自其他地区的产品和服务的积极态度（Riefler and Diamantopoulos，2009），进而推测，相对于居住稳定的消费者，流动的消费者更愿意尝试并更可能接受具有"他乡标志"的地理标志品牌。据此，提出以下假设：

H1：相对于居住稳定的消费者，居住流动的消费者对他乡地理标志品牌的购买意愿更高。

2.2 居住流动性与他乡地方认同

地方认同是环境心理学研究的一个重要概念，关注的是人与地方的联系。Proshansky（1978）根据自我和物理环境之间的认知联结提出，地方认同是自我的一部分，是"客观世界社会化的自我"。它既指代个体进行自我分类的认知结构，又包含人对地方的归属感等情感联结和意义（庄春萍和张建新，2011）。从地方交互视角来看，地方认同的建构过程就是人和地方持续互动的过程（庄春萍和张建新，2011）。它不仅受到物理成分的影响，同时受到人地之间的关联和意义的影响，且在时空维度上具有动态建构性（Wang and Chen，2015）。与此同时，个体也可以与未到访过的地方建立起一定的情感联结（刘卫梅和林德荣，2018），因为地方本身能传达一定的象征性意义和文化意义，从而联结消费者情感（Blake，2002）。综合而言，个体因素、社会环境因素以及地方因素都会影响地方认同。

在传统社会中，个体的本地认同十分明显，但随着居住流动性的增加，人们的身份认同向更广泛的层面转移（Baumeister，1996）。例如，长期居住在波士顿的居民主要认定自己是波士顿人；而居住流动性高的居民则主要认定自己是美国人，甚至是全球公民（Gustafson，2009）。其次，Oishi 等（2009）研究发现，来自流动国家（美国）的参与者比来自稳定国家（日本）的参与者对其他群体成员表现出更多认同。一方面，因为流动的消费者通过不断变化的生活经历，可以接触到新的想法、地点和文化，所以他们的自我意识很可能包括与当地以外的社区的联系（Wang et al.，2020）。另一方面，居住流动性能够提高消费者的全球认同显著度，而具有全球认同的消费者往往看到世界各地人们之间的相似之处而不是差异之处（Wang et al.，2020）。因此，具有流动经历的消费者更可能具备对外群体的包容性，进而对他乡形成更高程度的地方认同。

地方认同可以增强消费者对该地的旅游意愿、资源保护与环境责任行为等（Bonaiuto and

Bonnes，2005；刘卫梅和林德荣，2018），即促使消费者对该地区本身以及与该地区密切相关的人和事产生积极响应。同时，地方认同是社会认同的一种表现形式，基于消费行为领域的研究，社会认同能促进品牌认同的形成，并最终影响消费者的购买决策行为（Bagozzi and Dholakia，2006）。此外，对他乡的地方认同实质上是超越地区边界的外倾性和对不同地区文化的开放性，这些属性是消费者世界主义的前提和关键特征（Riefler and Diamantopoulos，2009），而持有世界主义观念的消费者更愿意接纳和尝试来自不同国家或地区的产品和服务，具有跨边界消费的倾向（Riefler and Diamantopoulos，2009；Bartsch et al.，2016）。由于地理标志品牌明确地告知了产品的地理来源，其品牌联想与特定区域紧密联系在一起。因此，具有流动经历的消费者对他乡形成的地方认同将进一步促使他们对具有"他乡"地区表征的地理标志品牌产生更高的购买意愿。综上，提出以下假设：

H2：相比居住稳定的消费者，居住流动的消费者对他乡的地方认同程度更高。

H3：居住流动性对他乡地理标志品牌购买意愿的影响由消费者对他乡的地方认同中介。

2.3　区域形象的调节作用

区域形象的定义可以参考宏观意义上的原产国形象的概念，指某一地区总体上给他人（包括公众和消费者）的整体印象，即一个人对一个区域所持有的描述性、推论性及信息性信念的总和（Martin and Eroglu，1993）。区域形象测量反映了消费者对区域自然、人文、产业的综合认知（马向阳等，2016）。作为一种综合评价，不同学者对区域形象的具体内涵有不同的界定，但主流上可以划分为认知与情感两个维度。认知维度主要指消费者对一个地区经济发展情况、生活水平、工业化程度和技术进步等方面的客观认识；情感维度主要指消费者对这个地区的政府、社会文化和当地人民等方面的情感性反应（Li et al.，2014）。此外，自然形象和人文形象也是原产国形象维度分解的重要方向，且对食品类产品评价有显著影响（朱战国和李子键，2017）。因此，考虑到大部分地理标志产品属于可食用农产品，本研究在参考以往文献的基础上，采用地区经济信念、人民情感、自然环境与人文历史四个具体维度来综合反映区域形象（Laroche et al.，2005；朱战国和李子键，2017；许峰和李帅帅，2018）。

以往研究表明，良好的区域形象可以缩小消费者与该地区的心理距离（许峰和李帅帅，2018），提高消费者对该地区的地方认同与地方归属感等情感联结（刘卫梅和林德荣，2018），对消费者品牌购买意愿与评价具有促进作用（Laroche et al.，2005；朱战国和李子键，2017）。因此，居住流动性对他乡地理标志品牌购买意愿的影响可能会受到区域形象感知的调节。只有当一个地区给人保留良好的地方印象时，才会促进居住流动的消费者形成对该地区的地方认同和地理标志品牌偏好，而一旦消费者对该区域形象感知较差，则难以认同该地区，进而减少对来源于该地区的地理标志品牌的购买意愿。据此，提出以下假设。

H4：区域形象正向调节居住流动性对他乡地方认同的影响。

H5：区域形象正向调节居住流动性对他乡地理标志品牌购买意愿的影响。

综上所述，本研究构建了消费者居住流动性与他乡地理标志品牌购买意愿的概念模型，如图1所示。

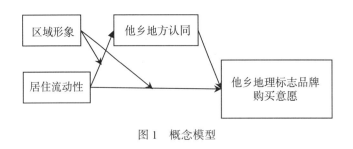

图 1　概念模型

3. 研究设计

3.1　研究对象

本研究以湖北省地理标志品牌为研究对象。原因在于，第一，湖北省具有丰富的地理标志资源，截至 2020 年 9 月，该省地理标志商标注册数量达 461 件，居全国前三名，中部地区第一名；其次，湖北省在地理上位于华中核心地带，具有"九省通衢"之称，与各地消费者的空间距离相对均衡。因此，本研究将湖北省地理标志品牌作为他乡品牌进行调查研究。

3.2　问卷设计

问卷由主题导引、构念测量题项和人口基本统计信息三个部分构成。在主题导引部分，首先告知受访者地理标志的含义，然后请受访者填写其知晓的所有湖北省地理标志品牌以测量消费者的相关知识。接下来，请受访者回答其对湖北省地理标志品牌的整体购买意愿、湖北省地方认同和湖北省区域形象感知。购买意愿的测量语项参考 Coyle 和 Thorson（2001）的购买意愿量表，地方认同的测量语项参考 Hernández 等（2007）的地方认同量表和 Tu 等（2012）的全球—本地认同量表，区域形象的测量语项参考 Laroche 等（2005）的原产国形象量表与许峰和李帅帅（2018）的目的地形象量表，设定了包含地区经济信念、人民情感、自然环境与人文历史的 8 条语项。以上测量均采用李克特 7 点量表。在人口基本统计信息部分，除了年龄、性别、受教育程度、家庭年收入之外，还收集了受访者籍贯所在省市、现居地所在省市和在现居地居留年限以分析受访者的居住流动经历。

3.3　样本数据

由于研究目的在于探索消费者居住流动性对他乡地理标志品牌购买意愿的影响与内在机制，调查对象需面向非湖北人，调查地点选取了四川省成都市、广东省广州市、山东省济南市和青岛市，以尽可能涵盖多样化区域。调研数据通过课题组街头拦截调查与专业网络调研公司线上调查收集，共收回问卷 452 份，剔除回答不认真、重要观测值缺失或年龄低于 16 岁的无效问卷后，最终有效问卷为 433 份，有效回收率为 95.8%。其中，女性占比 57.7%，男性占比 42.3%；年龄以 18~33 岁为主，占比 82.4%；受教育程度以大专/本科为主，占比 77.8%；家庭年收入以 10 万~20 万元为主，占比 61.1%。总体而言，受访者对湖北省地理标志品牌的知晓个数普遍较少，其中 39.5% 对此完全不了解，36.5% 认识 1 个，剩余 24.0% 认识 2~5 个；受访者在现居地的居留年限分布较为分散，15 年及以下占比 52.1%，15 年以上占比 47.9%。参考 Wang 等（2020）研究中的居住流动性二分类标准，当受访者在现居地居留年限与自身年龄相当时，即受访者一直居留在自己的家乡城市，将其界定为居住稳定的消费者；当受访者在现居地居留年限小于自身年龄时，说明受访者有过去其他城市或省份流动居住的经历，将其界定为居住流动的消费者。其中，居住稳定的消费者占比 36.5%，居住流动的消费者占比 63.5%。

4. 实证检验与结果分析

4.1 信度与效度检验

运用 SPSS22.0 软件对调研数据进行信效度检验。量表的信度检验参考内部一致性系数和组合信度，结果如表 1 所示。各变量的 Cronbach's α 值均在 0.8 以上，高于建议值 0.7，表明测量语项内部一致性较好；所有变量的组合信度（CR）均在 0.8 以上，高于建议值 0.7，表明各变量的组合信度较高。效度检验由收敛效度和区分效度来衡量。因子分析结果显示，所有测量语项的标准化因子载荷值均超过 0.6，在 $p<0.001$ 的水平上显著，且所有变量的平均提取方差（AVE）均大于建议值 0.5，满足收敛效度的要求；其次，比较 AVE 平方根和相关系数间的关系，检验结果如表 2 所示，各变量的 AVE 平方根均大于该变量与其他变量的相关系数，表明量表的区分效度较好（Fornell and Larcker，1981）。综上，本研究所使用的量表具有良好的信度和效度。

表 1   信度与收敛效度检验结果

测 量 语 项	因子载荷
购买意愿（Cronbach's α=0.874，CR=0.915，AVE=0.729）	
我会购买湖北省地理标志品牌	0.825
我会尝试湖北省地理标志品牌	0.878
当需要地方特产时，我愿意购买湖北省地理标志品牌	0.839
我愿意向亲朋好友推荐湖北省地理标志品牌	0.871
地方认同（Cronbach's α=0.805，CR=0.872，AVE=0.631）	
我感到自己是湖北省的一分子	0.804

续表

测 量 语 项	因子载荷
我对湖北省倾注了家乡情感	0.847
我关注湖北省发生的事情	0.783
湖北省的人和事让我有亲切感	0.740
区域形象（Cronbach's $\alpha=0.885$，CR$=0.911$，AVE$=0.562$）	
湖北省的经济水平高	0.643
湖北省的产品总体质量好	0.798
湖北省人是诚实可靠的	0.776
湖北省人的口碑不错	0.822
湖北省的地理条件独特	0.718
湖北省的自然环境良好	0.778
湖北省的文化有吸引力	0.781
湖北省的历史文化资源丰富	0.664

表 2　　　　　　　　　　　　　　　　区分效度检验结果

变量	购买意愿	地方认同	区域形象
购买意愿	**0.854**		
地方认同	0.585**	**0.794**	
区域形象	0.659**	0.587**	**0.750**

注：$**$表示显著性 $p<0.01$；对角线上数值为 AVE 值的平方根，对角线下方数值为变量间相关系数。

4.2　共同方法偏差检验

为控制共同方法偏差，本研究在问卷收集过程中告知受访者匿名填写问卷，答案无对错之分，以鼓励其如实作答。本研究采用 Harman 单因素法对所涉因变量、中介变量和调节变量做未旋转的探索性因子分析。结果表明，第一个因子的方差解释率为 47.15%，低于临界值 50%，表明数据的共同方法偏差是可被接受的。同时，各变量间的相关系数均在 0.7 以下，低于临界值 0.9，表明数据的共同方法偏差不严重。

4.3　假设检验

本研究使用 SPSS 22.0 软件，将居住流动性编码为虚拟变量（0＝居住稳定群体，1＝居住流动群体），应用层次回归分析方法检验假设 H1 至 H5。检验结果如表 3 所示。

表3　　　　　　　　　　　　　　　　　　层次回归分析结果

变量	他乡地标品牌购买意愿	他乡地方认同	他乡地标品牌购买意愿	他乡地方认同	他乡地标品牌购买意愿
	模型1	模型2	模型3	模型4	模型5
居住流动性	0.127*	0.227***	0.001	0.205***	0.102**
他乡地方认同			0.556***		
区域形象				0.368***	0.405***
居住流动性×区域形象				0.246**	0.285***
性别	−0.033	−0.069	0.005	−0.049	−0.012
年龄	−0.004	−0.118*	0.061	−0.056	0.064
受教育程度	−0.008	−0.003	−0.006	0.019	0.016
家庭年收入	0.032	0.017	0.023	0.004	0.019
地标知识	0.234***	0.068	0.196***	−0.040	0.114**
ΔR^2	0.065	0.053	0.355	0.391	0.492
F	5.373***	4.570***	30.882***	31.502***	47.031***

注：表内回归系数皆为标准化回归系数；***、**、* 分别表示显著性 $p<0.001$、$p<0.01$、$p<0.05$。

（1）居住流动性对他乡地理标志品牌购买意愿的主效应：以居住流动性为自变量、他乡地理标志品牌购买意愿为因变量，以性别、年龄、受教育程度、家庭年收入和地标知识为协变量进行回归分析，结果如模型1所示，居住流动性对他乡地理标志品牌购买意愿存在显著正向影响（$\beta=0.127$，$p<0.05$）。该结果说明，相对于居住稳定的消费者，居住流动的消费者对他乡地理标志品牌购买意愿更高，验证假设 H1。

（2）他乡地方认同的中介效应：以居住流动性为自变量、他乡地方认同为因变量，纳入相关协变量进行回归分析，结果如模型2所示，居住流动性对他乡地方认同存在显著正向影响（$\beta=0.227$，$p<0.001$），说明相对于居住稳定的消费者，居住流动的消费者对他乡的地方认同程度更高，验证假设 H2。进一步，同时将居住流动性和他乡地方认同作为自变量、他乡地理标志品牌购买意愿作为因变量，纳入相关协变量进行回归分析，结果如模型3所示，他乡地方认同对他乡地理标志品牌购买意愿具有显著正向影响（$\beta=0.556$，$p<0.001$），而居住流动性对他乡地理标志品牌购买意愿不存在显著影响（$\beta=0.001$，$p=0.985$）。该结果表明，居住流动性对他乡地理标志品牌购买意愿的影响完全被他乡地方认同中介，验证假设 H3。

（3）区域形象的调节效应：参照 Hayes（2013）调节效应检验方法，将区域形象进行中心化处理，然后将居住流动性、中心化的区域形象和二者交互项作为自变量纳入回归模型4预测他乡地方认同，结果显示，居住流动性（$\beta=0.205$，$p<0.001$）和区域形象（$\beta=0.368$，$p<0.001$）对他乡地方认同均具有显著正向影响，居住流动性和区域形象的交互项的回归系数也显著，且为正值（$\beta=$

0.246，$p<0.01$）。模型5结果显示，居住流动性（$\beta=0.102$，$p<0.01$）和区域形象（$\beta=0.405$，$p<0.001$）对他乡地理标志品牌购买意愿均具有显著正向影响，居住流动性和区域形象的交互项的回归系数也显著，且为正值（$\beta=0.285$，$p<0.001$）。这说明区域形象正向调节居住流动性与他乡地方认同、他乡地理标志品牌购买意愿之间的正向关系，验证假设H4和H5。

（4）稳健性检验：上述假设检验过程将居住流动性设定为"从未流动"和"有过流动"二分类变量，为了进一步检验模型的稳健性，将消费者在现居地的居留年限替换二分类变量重复假设检验程序。因为对于一般消费者而言，在现居地居留年限越长表示现阶段居住流动性越低。层次回归分析结果如表4所示，总体来看，替换核心变量后的回归结果与表3的结果基本一致。具体而言，现居地居留年限对他乡地理标志品牌购买意愿（$\beta=-0.116$，$p<0.05$）和他乡地方认同（$\beta=-0.278$，$p<0.001$）均存在显著负向影响，其中他乡地方认同完全中介了现居地居留年限对他乡地理标志品牌购买意愿的影响（$\beta=0.566$，$p<0.001$）。表4的模型9、10将现居地居留年限和区域形象进行了中心化处理，回归结果显示，区域形象显著调节现居地居留年限对他乡地方认同（$\beta=-0.083$，$p<0.05$）和他乡地理标志品牌购买意愿（$\beta=-0.116$，$p<0.01$）的影响。综上，稳健性检验再次验证了假设H1至H5。

表4　　　　　　　　　　　　　　　　　　　稳健性检验

变量	他乡地标品牌购买意愿	他乡地方认同	他乡地标品牌购买意愿	他乡地方认同	他乡地标品牌购买意愿
	模型6	模型7	模型8	模型9	模型10
现居地居留年限	-0.116^{*}	-0.278^{***}	0.042	-0.231^{***}	-0.061
他乡地方认同			0.566^{***}		
区域形象				0.558^{***}	0.632^{***}
现居地居留年限×区域形象				-0.083^{*}	-0.116^{**}
性别	-0.035	-0.066	0.002	-0.049	-0.016
年龄	0.052	0.006	0.049	0.045	0.093^{*}
受教育程度	-0.005	-0.001	-0.004	0.025	0.026
家庭年收入	0.033	0.015	0.025	-0.001	0.016
地标知识	0.240^{***}	0.079	0.195^{***}	-0.029	0.119^{**}
ΔR^2	0.061	0.073	0.356	0.388	0.475
F	5.112^{***}	5.973^{***}	31.073^{***}	31.146^{***}	44.045^{***}

注：表内回归系数皆为标准化回归系数；***、**、*分别表示显著性$p<0.001$、$p<0.01$、$p<0.05$。

5. 研究结论与启示

5.1　研究结论

本研究立足于人口频繁流动的社会背景，在社会认同理论基础上，探讨了居住流动性对个体"他乡"地方认同和"他乡"地理标志品牌购买意愿的影响。研究发现：

第一，居住流动性正向促进消费者对他乡地理标志品牌的购买意愿，即相对于居住稳定的消费者，居住流动的消费者对他乡地理标志品牌的购买意愿更高。

第二，居住流动性正向促进消费者对他乡的地方认同，消费者对他乡的地方认同在居住流动性与他乡地理标志品牌购买意愿之间起中介作用，即居住流动性越高的消费者对他乡的地方认同也越高，进而增加对他乡地理标志品牌的购买意愿。

第三，区域形象正向调节居住流动性对他乡地方认同和他乡地理标志品牌购买意愿的影响。在区域形象评价高的情况下，他乡地方认同和他乡地理标志品牌购买意愿受居住流动性影响的程度更大，在区域形象评价低的情况下，他乡地方认同和他乡地理标志品牌购买意愿受居住流动性影响的程度较小。

5.2　理论贡献

本研究的理论贡献主要包括以下几个方面：

（1）补充了居住流动性对消费行为影响的相关研究。以往有关居住流动性的研究主要聚焦在社会生态心理学领域。本研究从地方认同视角，构建了消费者的居住流动性与他乡地理标志品牌购买意愿的关系模型，充实了居住流动性在营销领域的相关研究。

（2）拓展了居住流动性与地方认同之间关系的相关研究。尽管以往研究发现，居住稳定性是保障个体对所在地依恋或认同的重要前提，而居住流动性会降低人们对所在地的情感认同（Oishi et al.，2015），但是本研究从"他乡"视角探讨个体居住流动性对他乡地方认同的影响发现了相反的结论，即居住流动性可以提高消费者对他乡的地方认同。

（3）丰富了地理标志品牌的消费研究。现有研究虽然关注到品牌地域性因素对消费者行为的影响，但大多从"家乡"或"近乡"视角探讨，从"他乡"视角切入仍具有新颖性。

5.3　管理启示

基于上述研究结论，本研究的管理启示主要包括以下几个方面：

（1）地理标志经营者在拓展市场时可优先选择居住流动性高的城市或社区，或依托在线移动平台的消费者地理位置动态信息进行智能化市场定位，对具有居住流动经历的外群体消费者推广其地理标志品牌。

（2）居住流动性是一个可以被操控的营销因素，在他乡推广地理标志品牌时，可以通过凸显与流动性相关的广告即时唤起消费者的居住流动性感知，从而达到提高品牌销售绩效的目标。

（3）地理标志品牌建设是实现乡村全面振兴的重要战略，要从区域品牌生态系统的视角全方位拉动相关政府部门、企业与其他组织进行形象赋权，多层面推动区域形象的塑造与形象符号的传播，进而强化各地消费者对本区域的地方认同与品牌偏好，帮助本地品牌"走出去"。

5.4 未来研究展望

首先，本研究采用调查法请受访者自陈其以往居住流动经历，未来研究可以通过实验法来操控消费者的居住流动性感知以进一步检验理论模型的内部效度；其次，本研究以湖北省地理标志品牌为例进行调研，未来研究还可以变换地理标志品牌的地域类型或尺度以增强理论模型的外部效度；最后，未来研究还可以进一步探索居住流动性对他乡地理标志品牌偏好的影响的调节因素，例如消费者对现状可改变性的感知、消费者流动的空间距离等。

◎ 参考文献

[1] 戴逸茹，李岩梅. 居住流动性对心理行为的影响 [J]. 心理科学，2018，41（5）.

[2] 李林竹，李艳军，王丹. 空间距离、内群体边界与近乡区域品牌偏好 [J]. 经济管理，2020，42（9）.

[3] 刘卫梅，林德荣. 旅游城市形象和情感联结对旅游意愿的影响 [J]. 城市问题，2018（8）.

[4] 马向阳，白丽群，杨颂. 区域品牌的文化认同及内群体偏好的口碑传播效应研究 [J]. 软科学，2016，30（1）.

[5] 孙林，周科选，蒋鑫琳，等. 地理标志的地区质量声誉对中国企业食品出口的影响 [J]. 学习与实践，2019（12）.

[6] 陶雪婷. 搬家越多，创造力越高？——开放性的调节效应 [J]. 中国社会心理学评论，2020（2）.

[7] 肖珺. 跨文化虚拟共同体：连接、信任与认同 [J]. 学术研究，2016（11）.

[8] 许峰，李帅帅. 南疆地区目的地形象与旅游者行为意向——感知价值与心理距离的中介作用 [J]. 经济管理，2018，40（1）.

[9] 张国政，徐增，唐文源. 茶叶地理标志溢价支付意愿研究——以安化黑茶为例 [J]. 农业技术经济，2017（8）.

[10] 张亚峰，许可，刘海波，等. 意大利地理标志促进乡村振兴的经验与启示 [J]. 中国软科学，2019（12）.

[11] 朱战国，李子键. 结构分解视角下来源国形象对消费者产品评价的影响研究 [J]. 中央财经大学学报，2017（11）.

[12] 庄春萍，张建新. 地方认同：环境心理学视角下的分析 [J]. 心理科学进展，2011，19（9）.

［13］ Bagozzi, R. P., Dholakia, U. M. Antecedents and purchase consequences of customer participation in small group brand communities ［J］. International Journal of Research in Marketing, 2006, 23 (1).

［14］ Bardají, I., Iráizoz, B., Rapún, M. Protected geographical indications and integration into the agribusiness system ［J］. Agribusiness, 2009, 25 (2).

［15］ Bartsch, F., Riefler, P., Diamantopoulos, A. A taxonomy and review of positive consumer dispositions toward foreign countries and globalization ［J］. Journal of International Marketing, 2016, 24 (1).

［16］ Baumeister, R. F. Identity: Cultural change and the struggle for self ［M］. New York: Oxford University Press, 1996.

［17］ Blake, K. S. Colorado fourteeners and the nature of place identity ［J］. Geographical Review, 2002, 92 (2).

［18］ Bonaiuto, M., Bonnes, M. Environmental concern, regional identity, and support for protected areas in Italy ［J］. Environment and Behavior, 2005, 37.

［19］ Cei, L., Stefani, G., Defrancesco, E., et al. Geographical indications: A first assessment of the impact on rural development in Italian NUTS3 regions ［J］. Land Use Policy, 2018, 75.

［20］ Coyle, J. R., Thorson, E. The effects of progressive levels of interactivity and vividness in web marketing sites ［J］. Journal of Advertising, 2001, 30 (3).

［21］ Fornell, C., Larcker, D. F. Evaluating structural equation models with unobservable variables and measurement error ［J］. Journal of Marketing Research, 1981, 18 (1).

［22］ Grunert, K. G., Aachmann, K. Consumer reactions to the use of EU quality labels on food products: A review of the literature ［J］. Food Control, 2016, 59.

［23］ Gustafson, P. Mobility and territorial belonging ［J］. Environment & Behavior, 2009, 41 (4).

［24］ Hayes, A. Introduction to mediation, moderation, and conditional process analysis: A regression-based approach ［M］. New York: The Guilford Press, 2013.

［25］ Hernández, B., Carmen Hidalgo, M., Salazar-Laplace, M. E., et al. Place attachment and place identity in natives and non-natives ［J］. Journal of Environmental Psychology, 2007, 27 (4).

［26］ Hewstone, M., Rubin, M., Willis, H. Intergroup bias ［J］. Annual Review of Psychology, 2002, 53 (1).

［27］ Laroche, M., Papadopoulos, N., Heslop, L. A., et al. The influence of country image structure on consumer evaluations of foreign products ［J］. International Marketing Review, 2005, 22 (1).

［28］ Laverie, D. A., Iii, R. E. K., Kleine, S. S. Reexamination and extension of Kleine, Kleine, and Kernan's social identity model of mundane consumption: The mediating role of the appraisal process ［J］. Journal of Consumer Research, 2002, 28 (4).

［29］ Li, D., Wang, C., Jiang, Y., et al. The asymmetric influence of cognitive and affective country image on rational and experiential purchases ［J］. European Journal of Marketing, 2014, 48.

［30］ Luceri, B., Latusi, S., Zerbini, C. Product versus region of origin: Which wins in consumer persuasion? ［J］. British Food Journal, 2016, 118 (9).

[31] Martin, I. M., Eroglu, S. Measuring a multi-dimensional construct: Country image [J]. Journal of Business Research, 1993, 28 (3).

[32] Myers, D. 社会心理学 [M]. 11 版. 北京: 中国人民大学出版社, 2014.

[33] Nesdale, D., Todd, P. Effect of contact on intercultural acceptance: A field study [J]. International Journal of Intercultural Relations, 2000, 24 (3).

[34] Oishi, S. The psychology of residential mobility: Implications for the self, social relationships, and well-being [J]. Perspectives on Psychological Science, 2010, 5 (1).

[35] Oishi, S., Ishii, K., Lun, J. Residential mobility and conditionality of group identification [J]. Journal of Experimental Social Psychology, 2009, 45 (4).

[36] Oishi, S., Talhelm, T., Lee, M., et al. Residential mobility and low-commitment groups [J]. Archives of Scientific Psychology, 2015, 3.

[37] Panzone, L., Vita, G. D., Borla, S., et al. When consumers and products come from the same place: Preferences and WTP for geographical indication differ across regional identity groups [J]. Journal of International Food & Agribusiness Marketing, 2016, 28 (3).

[38] Proshansky, H. M. The city and self-identity [J]. Environment and Behavior, 1978, 10 (2).

[39] Riefler, P., Diamantopoulos, A. Consumer cosmopolitanism: Review and replication of the CYMYC scale [J]. Journal of Business Research, 2009, 62 (4).

[40] Teuber, R. Consumers' and producers' expectations towards geographical indications [J]. British Food Journal, 2011, 113 (7).

[41] Tu, L., Khare, A., Zhang, Y. A short 8-item scale for measuring consumers' local-global identity [J]. International Journal of Research in Marketing, 2012, 29 (1).

[42] Vecchio, R., Annunziata A. The role of PDO/PGI labeling in Italian consumers' food choices [J]. Agricultural Economics Review, 2011, 12 (2).

[43] Wang, S., Chen, J. S. The influence of place identity on perceived tourism impacts [J]. Annals of Tourism Research, 2015, 52.

[44] Wang, Y., Kirmani, A., Li, X. Not too far to help: Residential mobility, global identity, and donations to distant beneficiaries [J]. Journal of Consumer Research, 2020, 47 (6).

The Effect of Residential Mobility on Purchase Intentions
of Non-hometown Geographical Indication Brands

Li Linzhu[1] Wang Dan[2] Li Yanjun[3]

(1, 2, 3 College of Economics and Management, Huazhong Agricultural University, Wuhan, 430070;

3 Hubei Rural Development Research Center, Wuhan, 430070)

Abstract: The geographical relationship between consumers and geographical indication (GI) brands is one of the key factors affecting their preferences. Previous researches provide theoretical reference for the consolidation and expansion of inner groups of GI brands from the perspective of hometown and neighborhood, but there is still a lack of relevant research on the promotion of external groups' preference for GI brands. Based on the social background of frequent population mobility, this paper collected 433 valid questionnaires by means of survey, and explored the effect of consumers' residential mobility on the purchase intentions of non-hometown GI brands. The results show that residential mobility positively promotes consumers' purchase intentions of non-hometown GI brands and place identity of non-hometown. The place identity of non-hometown mediates the effect of residential mobility on purchase intentions of non-hometown GI brands. The regional images positively moderate the influence of residential mobility on place identity of non-hometown and purchase intentions of non-hometown GI brands. The above research conclusions practically provide references for the market capacity expansion of GI brands and the rural revitalization.

Key words：Residential mobility；Geographical indication；Non-hometown brand；Place identity；Regional image

专业主编：寿志钢